SORAVIA | EISENBERGER **AUSTRIAN STYLE**

IRMI SORAVIA | HARALD EISENBERGER

AUSTRIAN STYLE

TRADITION TRIFFT MODERNE
300 WOHNIDEEN

Brandstätter

STADTLEBEN _ 18

LANDL

WAS KENNZEICHNET DEN „ÖSTERREICHISCHEN STIL" UND WO IST ER ZUHAUSE?

Was macht die Hausbar im Barockaltar? Weshalb sitzt der Goldfasan neben dem blauen Diwan? Was macht das TV-Gerät im Biedermeierschrank, was die Skulptur auf der Lederbank? Was sollen die verglasten Fotos auf dem Tischchen und was haben die Malereien auf dem Kastentürchen zu bedeuten?

— **WAS FRANZOSEN** die Opulenz und Liebe zu Luxusstilen wie Art déco oder Empire, das ist den Österreichern die Lust am bunten „Mix-It-Up". Dessen Fäden zu ziehen beherrschen sie mit spielerischer Leichtigkeit. In österreichischen Interieurs stößt man daher auf Ideen über Ideen, deren geistreiche Umsetzung Thema dieses Buches ist. Es ist jedoch viel mehr als eine Ideensammlung oder ein Ratgeber – nämlich ein Bilderbuch für Wohnromantiker, ein Band für Möbelnostalgiker. Und eine Anleitung zum heiteren Wohnen.

„Austrian Style": Ist das nun Idylle und Alpenromantik à la Salzkammergut? Ein Krämerladen aus Vergangenheitsverliebtheit, ein Fundus an Puppenhausallüre und Zuckergussarchitektur? Das Erbe großartiger Kunstgeschichte oder das Symptom einer hoch aktiven zeitgenössischen Kunst- und Designszene? Österreich ist das eine wie das andere – Ergebnis einer kunsthistorisch bedeutsamen Vergangenheit und Ort einer lebhaften kreativen Szene. Beides spiegelt sich in der Wohnkultur dieses Landes wider.

„TRADITION TRIFFT MODERNE!" – Der Untertitel verrät das Konzept: Interieurs, die Altes und Neues variantenreich vereinen. „Sampling" heißt das Zauberwort. Ein Begriff, den wir aus der Musik kennen, hat in Österreichs Wohnwelten Einzug gehalten.

Haben unsere Urgroßväter die Stilreinheit des Biedermeiers, Historismus oder Jugendstils noch zum obersten Gebot erhoben, so wird heutzutage in Österreich mit völliger Absicht der Stilbruch gewagt. Wie Schatzsucher durchmessen die Bewohner der hier gezeigten Interieurs die kunsthistorischen Hoheitsgebiete der Epochen. Von allem nimmt man sich das Schönste, gibt dem Erbe die Ehre und zollt dem Zeitgeist Tribut.

Modernes Design und Architektur sind erklärte Lieblingskinder, Biedermeierstücke und Jugendstilobjekte Megastars. Möbel aus den Zwanziger- und Dreißigerjahren sind absoluter Kult, „Must-Haves" jene aus den Fifties, Sixties und Seventies. Zeitgenössische Kunstwerke werden wie Geliebte stolz präsentiert.

Daher sieht man hier, was man nicht oft sieht: Die Kunst, mit Stil zu leben. Den Stil, mit Kunst zu leben. Doch vor allem den Mut, Stilbrüche raffiniert einzugehen und den Dialog der Stile charmant zu führen.

Die folgenden 230 Seiten mit über 300 Fotos zeigen bravourösen Mix. Diese typisch gestalterische Eigenart, Stilwelten frech aufeinanderprallen zu lassen und die Konsequenz daraus lustvoll zu genießen.

Begleiten Sie uns nun auf unserer Wanderung durch Österreichs wunderbarste Wohnwelten. Wie ein kurzer Streifzug durch die wichtigsten Stile Österreichs zeigt, sind sowohl die kunsthistorische Vergangenheit als auch die designorientierte Gegenwart überwältigend.

DAS ERBE der Österreichisch-ungarischen Monarchie hat dem Land seinen Stempel aufgedrückt. Mitte des 19. Jahrhunderts war Wien als Haupt- und Residenzstadt die fünftgrößte Millionenstadt der Welt. Das Bürgertum, das durch Gewerbe, Handwerk und Industrialisierung zu Reichtum und Macht gelangte, setzte sich damals mit Prachtbauten Denkmäler.

Trotz der baugeschichtlichen Vielfalt Österreichs sind zwei Stilrichtungen bis heute von eminenter Bedeutung: Biedermeier und Jugendstil. Doch warum führten gerade diese beiden Stile zu einer eigenständigen Wiener Formensprache?

Das Augenmerk des Biedermeiers galt, im Vergleich zu vorhergehenden Epochen, weniger dem Zweck der Repräsentation als dem wohnlichen, inoffiziellen Lebensbereich. Das typische Biedermeiermöbel ist in erster Linie funktionell und „es hat Humor", wie der Möbelhistoriker Christian Witt-Dörring sagt. Entwurf und Ausführung eines Stückes lagen – und das war neu – in einer Hand, nämlich in der des Handwerkers, der sich damit in künstlerische Gefilde vorwagte. Die Praktikabilität dieser Möbel war wohltuend und wurde als Gegenpol zu den Stilen der vorangegangenen Jahrzehnte angesehen.

Das Biedermeiermöbel, ob Kasten, Sitzgelegenheit oder Kommode, ist vielgepriesener Liebling in Österreichs Interieurs. Es kam nie wirklich aus der Mode: Überzogen mit modernen, knallbunten Stoffen, kombiniert mit zeitgenössischem Design und moderner Kunst oder als Einzelstück, zieht es immer den Blick des Betrachters auf sich.

Ein Klassiker für sich, dem Biedermeier zuzurechnen, ist der Thonet-Stuhl. Aus den Wiener Kaffeehäusern ist er heute noch ebenso wenig wegzudenken wie aus vielen Wohnungen.

Weder internationale noch kunstgeschichtlich nennenswerte Anerkennung im eigenen Land war dem Historismus beschieden – als Interpretation vorangegangener Stile blieb er dem neureichen Wiener Großbürgertum vorbehalten. Die Überladung und Übersteigerung der historistischen Möbel wurde als unehrliche und pseudoaristokratische „Angeberei" empfunden, den Bedürfnissen des modernen Alltages in keiner Weise entsprechend.

Ganz im Gegensatz zum Jugendstil, dessen Wiener Variante europaweit Bewunderung erfuhr. „Etwas Unpraktisches kann nicht schön sein", lautete der Leitsatz Otto Wagners um die Jahrhundertwende, dessen Quintessenz sich in den künstlerischen Bestrebungen dieser Zeit manifestierte. Propagiert wurde der Begriff des „Nutzstils", der dem zugrundeliegenden Reformgedanken der Moderne letztlich den Weg ebnete. Die Reformierung aller Lebensbereiche war erklärtes Ziel der progressiven Künstler.

Der „Sezessionsstil", vertreten durch künstlerische Vereinigungen wie Sezession oder Hagenbund in der Malerei und der Wiener Werkstätte im Objekt- und Möbeldesign, wurde zudem durch etliche Publikationen unterstützt. Geometrie, Großflächigkeit, abstrakte Ornamentik und Schwarz-Weiß-Ästhetik waren typisch für Wien – im Gegensatz zu den floralen und verspielten Motiven und Formen der Franzosen und Belgier.

Ziel dieser Epoche war das „Gesamtkunstwerk". Alle gesellschaftlichen Bereiche sollten davon profitieren, vor allem die alltäglichen Dinge des Lebens.

Dennoch gilt die erste Assoziation meist den Gemälden Gustav Klimts oder der Architektur Otto Wagners, der sich auch dem Möbeldesign intensiv widmete.

Bis heute anhaltende Aktualität hat die reduzierte geometrische Formensprache Josef Hoffmanns sowie jene Josef Franks. So auch die vielen Gebrauchsgegenstände von der Kaffeetasse bis zum Silberservice, die Koloman Moser schuf.

1

2

3

4

1 Barocke Kommode (1739) mit Aufsatzvitrine (1760), Kunstwerk von Raja Schwahn-Reichmann
2 Historischer Luster
3 Biedermeierbank vor historistischer Wand
4 Glastüre mit Blütenornament des Sezessionsstils

Als Wegbereiter der Moderne ging auch Adolf Loos in die Kunstgeschichte ein. Er allerdings stellte sich vehement gegen die oberflächliche Verwendung des Ornaments und die „Verzierungssucht" des Jugendstil. Damit war er bahnbrechend für die Moderne in Architektur und Design.

Trotz seiner extrem schlichten Bauweise lag Loos die Behaglichkeit der Wohnräume am Herzen – sein Ziel war die Einbindung bereits bestehender Stücke in die von ihm neu gestaltete Inneneinrichtung. Loos widmete sich mit Leidenschaft der Möbelgestaltung und der Auswahl edelster Materialien. Berühmt wurde der Satz, den er seinen Auftraggebern immer wieder nahelegte: „Für eure Wohnung habt ihr immer Recht." Anders formuliert: „Der Kunde ist König und dessen Geschmack zu berücksichtigen."

Heute spielen die Loosschen Gestaltungsmaximen zwar keine Hauptrolle mehr, einen würdigen Part aber allemal. Da wie dort gereicht ein Stück edler Provenienz – geerbt, bei Designauktionen oder in Galerien erworben – jedem Bewohner zur Ehre, wie auf vielen der nachfolgenden Seiten zu sehen sein wird.

ZWAR VERLIEFEN während des Ersten Weltkriegs viele künstlerische Tendenzen im Sand, die 1920er-Jahre gestalteten sich dennoch für Architektur und Möbelbau überaus fruchtbar. Die Zwischenkriegszeit gilt als „brave Moderne" – typisch für Wien war darüber hinaus, dass sich die Architekten wesentlich mehr dem Handwerk denn der Industrie verbunden fühlten. So schrieb der Kunsthistoriker Max Eisler 1934 über das neue Wiener Möbeldesign: „Diese Zeit will nicht mehr den Luxus, die Ausschreitung des individuellen Beliebens und Vermögens, sondern sie will – in ihrer ganzen Lebenshaltung und eben deshalb vor allem in der Wohnung – die Übereinstimmung mit seiner weniger begüterten Umwelt ... – eine typische, trotzdem belebte Formenordnung." Es galt, eine neue, nicht ganz freiwillige Bescheidenheit zu leben.

Die Bedeutung des Architekten Oskar Strnad geht auf seine Theorien über die Schlichtheit von Bauten und Möbeln zurück. Schüler und nachkommende Kollegen, unter anderem Oswald Haerdtl oder Margarete Schütte-Lihotzky, beeinflusste er damit entscheidend. Gemeinsam mit Josef Frank schuf Strnad die „Wiener Schule" der Architektur, die die Schaffung einer „menschlichen Moderne" im Sinne von Loos propagierte.

Josef Frank machte sich zudem mit seiner Einrichtungsfirma „Haus und Garten" einen Namen: Farbenfrohe Textilien und flexible Möbelmodelle ließen seine Idee vom „antidoktrinären Wohnen" Realität werden. Er trug damit wesentlich zur Weiterentwicklung des „Neuen Wiener Wohnens" bei. Legendär Franks Merksatz: „Stahl ist kein Rohmaterial, sondern eine Weltanschauung!" Als Hauptdesigner des skandinavischen Möbelhaus „Svenskt Tenn" konnte er auch den nordischen Wohnstil nachhaltig beeinflussen. Seine Stoffe und Möbel sind noch heute fix im Programm von Tenn.

Der Beginn des Zweiten Weltkriegs bereitete allen künstlerischen Bestrebungen, die nicht in das Schema der Nationalsozialisten passten, ein vorläufiges Ende.

Nach 1945 hieß es zunächst, Zerstörung, Hunger und Armut zu bekämpfen, für künstlerische Tätigkeiten gab es weder Zeit noch Geld, geschweige denn Muße. Der Verlust des jüdischen Potenzials – auf Künstler- wie auch Sponsoren- beziehungsweise Auftraggeberseite – bereitete zudem einen gewaltigen Schock, der nur schwer zu verkraften war. Einzig die Architektur konnte sich nennenswert hochschwingen.

Künstler oder Designer war im Nachkriegsösterreich alles andere als ein erstrebenswerter Beruf, und doch war das Nachholbedürfnis enorm. Es galt vor allem, Entwicklungen aus ehemals feindlichen Ländern, von denen man jahrelang abgeschnitten war, zu erkunden und aufzuarbeiten.

Einen bis heute klingenden Namen in der Innenarchitektur schuf sich Carl Auböck, der für eine proportional ausgewogene Bauweise eintrat. Seine Baumtische und Wandschränke sind berühmt und wurden damals sogar von „Bloomingdales" in den Vereinigten Staaten verkauft.

1

2

3

4

1 Stoff nach einem Entwurf von Josef Frank namens „Anakreon"
2 Thonet-Schaukelstuhl, Thonet-Beistelltischchen
3 Schrank von Oswald Haerdtl von 1950, Biedermeierspiegel
4 Vitrine von Josef Hoffmann

Anna-Lülja Praun wiederum gestaltete ganz individuelle Möbel. Besonders gefeiert wurde ein Werk, das sie für Herbert von Karajan entworfen hatte: Eine Bank in ihrem unverkennbaren Stil, der „einer aus Lebenserfahrung und Handwerkskunst destillierten Modernität, … aber keinem Zeitgeist verpflichtet ist – und Eleganz und Behaglichkeit ins Gleichgewicht bringt." (Otto Kapfinger)

Werken beider Gestalter begegnet der Leser auf nachfolgenden Seiten des Öfteren – einmal in typischer 50er-Jahre-Umgebung, das andere Mal mit Biedermeier und modernem Design kombiniert.

Der berühmteste Architekt der Nachkriegszeit in Österreich war Roland Rainer, der mit seinem theoretischen Werk der „Städtebaulichen Prosa" sowie deren Umsetzung in die Praxis in Form der Wiener Stadthalle oder des ORF-Zentrums am Küniglberg Meilensteine der österreichischen Architekturgeschichte hinterließ. Auch er widmete sich dem Innendesign: Legendär sind seine stapelbaren „Stadthallen-Sessel" von 1951 oder sein „Sofa Model 454S" von 1956.

DIE WÄHREND DES KRIEGES lang vermisste Freiheit der Kunst war Ziel aller Kunstschaffenden. Der Aktionismus entsetzte das kunstinteressierte und stets gut informierte Bürgertum sowie die Medien; das Ausland hingegen sah interessiert zu. Die Wiener Aktionisten Hermann Nitsch, Günter Brus, Rudolf Schwarzkogler, Dieter Roth oder Otto Mühl eroberten sich – jeder auf seine Art – einen Rang ohnegleichen. Ihre äußerst provokanten Aktionen waren nicht nur Ausdruck wiedererlangter künstlerischer Freiheit, sondern vor allem politischer Protest. Sie wurden auch, wenngleich unverhofft, geniales Marketinginstrument. Höchste Anerkennung aus dieser „Kommilitonenrunde" geniesst heute noch Hermann Nitsch mit seinem Orgien-Mysterien-Theater und seinen Schüttaktionen.

Erfolge der Sonderklasse in der Malerei können auch die „Kriegskinder" Max Weiler, Hans Staudacher, C. L. Attersee und Arnulf Rainer seit Jahrzehnten mit ihren speziellen malerischen Ausdrucksformen feiern, die sich in kein Korsett pressen lassen, vielfach aber vom Aktionismus inspiriert wurden.

Andere, überaus beeindruckende Wege gingen deren Künstlerkolleginnen wie Kiki Kogelnik, Maria Lassnig und Valie Export. Parallel fanden durch Künstler wie Fritz Wotruba oder Alfred Hrdlicka auch Plastik und Skulptur zu neuen Wegen.

Einer der bedeutendsten zeitgenössischen bildenden Künstler Österreichs ist Franz West, der sich ironisierend auch der Möbelgestaltung, insbesondere der Frage nach der Grenze zwischen Gebrauchsgegenstand und Kunstobjekt widmet. Seine Objekte tauchen auf den nächsten Seiten mehrmals auf – Stühle, Couchtische, Plastiken.

Walter Pichler, der seine Werke grundsätzlich nicht verkauft und seine Berühmtheit seinen visionären Objekten verdankt, Heinz Frank und Luigi Blau, deren Möbelentwürfe sich durch ihre schöpferische Auseinandersetzung mit der Wiener Tradition auszeichnen, gehören mit ihren Plastiken und Möbelstücken gleichfalls zur objektschaffenden künstlerischen Elite Österreichs.

HEUTE VERFÜGT ÖSTERREICH über eine äußerst rege Kunst-, Design-, Architektur-, Galerien- und Museumsszene. In den vergangenen Jahren gelang es in der bildlichen Darstellung u. a. Herbert Brandl, Hubert Scheibl, Eva Schlegel, Peter Kogler, Nikolaus Moser, Matthias Herrmann oder Norbert Brunner grenzüberschreitendes Ansehen zu schaffen. Ebenso dürfen Heimo Zobernig, Franz Graf, Brigitte Kowanz und Elke Krystufek nicht unerwähnt blieben. Fast alle sind in diesem Buch mit Werken vertreten.

Der Berühmteste dieser Generation ist Erwin Wurm, dem mit seinen ironischen Plastiken und aktionistischen Fotografien wie den „One Minute Sculptures" der Durchbruch gelang, und dessen orangefarbener, schmelzender Porsche auch vor historistischem Hintergrund bestens zur Geltung kommt.

1 Baumtisch von Carl Auböck, 1950
2 Kästchen von Anna-Lülja Praun
3 Schachfiguren von Alfred Hrdlicka
4 Sofa von Roland Rainer

1

2

3

4

Österreich und seine größten Städte sprühen seit Jahren Kunstsinnigkeit in alle Richtungen, ob in Design, Architektur, Bildhauerei oder Malerei. International renommierte KünstlerInnen lehren und leben in Österreich, jährlich kommen junge Talente von den Akademien. Es gibt eine Unzahl höchst aktiver Galerien und Auktionshäuser sowie jede Menge Museen. Und in Wien wird die Kunstmesse „Vienna Art Fair“ jährlich überrannt.

Zur Ergänzung finden sich an jeder zweiten Ecke Trödler oder „Altwarentandler“. Innerhalb des Ringes wissen sie sich höchst elegant in Szene zu setzen – die Antiquitätenhändler. Weltberühmt und seit Jahrzehnten eine Institution ist der samstägliche Flohmarkt am Naschmarkt. So mancher Eyecatcher auf den folgenden Seiten stammt von dort.

Unglaublich rege sind die Nachwuchs-Designer dieses Landes, obwohl man junges Design jahrelang für verschreckt, versteckt, verkannt und im allerschlimmsten Fall für nicht nennenswert hielt. War die Last der Tradition, die den heutigen Kreativen von ihren Urgroßvätern Loos, Wagner oder Hoffmann umgebunden worden war, zu erdrückend? Hatten die Lehrer der jungen Generation, die großen Namen der heimischen Architekturszene aus den 60er-, 70er- und 80er-Jahren, ihren Schülern zu wenig Selbstbewusstsein mitgegeben?

Das Spektrum der Objekte „made in Austria“ ist reich gefächert, vom Weinglas und Brotkorb über Möbel und Lampen bis zum Städtebau.

EOOS z. B. gelten als Shootingstars. Anerkennung erwarben sie sich, indem sie unter anderem für Walter Knoll, Duravit, Montina, Moroso, Zumtobel oder Red Bull entwarfen. Das Duo „Walking Chair“ (Karl Emilio Pircher und Fidel Peugeot) sorgte mit dem gleichnamigen Objekt für Furore. Tone Fink hingegen, ein bereits etwas älteres Semester, pflegt als Objektkünstler seinen guten Namen sowie sein sympathisches Image.

Eine besondere Ehre wurde dem Damenduo „Polka“ (Marie Rahm, Monica Singer) zuteil: Ihre für Lobmeyr entworfene Karaffe „Josephine“ mit Sturzbecher wurde im „Cooper Hewitt“, *dem* Designmuseum in New York ausgestellt.

ENTBEHRUNGSVOLLE ZEITEN und anfängliche Misserfolge musste, wie scheinbar in Österreich vor jedem großen Durchbruch üblich, auch das „Who is Who“ der österreichischen Architekturszene einstecken, bevor es Erfolge feiern durfte.

Ein ganz spezielles „Haus am See“ findet sich einige Seiten weiter. Es ist eines der äußerst seltenen Privatobjekte von Wolf D. Prix – dem Spiritus Rector der Gruppe „Coop Himmelb(l)au“, die international mit ihren großartigen, futuristischen Industrie- und Geschäftsbauten zu den „Dekonstruktivistischen Architekten“ gezählt wird. Auf ihr Konto gehen zudem die Gasometer in Wien, die Europäische Zentralbank in Frankfurt sowie Objekte in den USA und China. Auch Günther Domenig zählt zu dieser Kategorie – am berühmtesten ist sein „Steinhaus“ am Ossiacher See.

Wilhelm Holzbauer (u. a. Opernhaus in Amsterdam) und Hans Hollein (u. a. Haas-Haus in Wien) stehen ebenfalls an oberster Stelle der Hitliste. Zu den „Arrivierten“ können sich auch Delugan Meissl zählen. Sie konzentrierten sich anfangs auf den Sozialwohnungsbau und konzipierten z. B. 2002 das „höchste Fertigteilhaus der Welt“.

Mit dem futuristischen Pavillon auf der Expo 2010 in Shanghai machte ein junges Büro auf sich aufmerksam: SPAN und Zeytinoglus Markenzeichen sind nahtlose Oberflächen, die biologische Strukturen reflektieren. Ihr Pavillon wurde als ein Gesamtkunstwerk aus Raum, Klang und Bildern erschaffen, haptisches Erleben, wie zum Beispiel von Eis oder Schnee, inklusive.

Leider fehlt uns hier der Platz, all die vielen bekannten, engagierten oder progressiven Architekten und Büros des Landes aufzuzählen. In diesem Buch werden wir jedoch vielen dieser Erwähnenswerten namentlich begegnen. Die Architekturszene Österreichs ist nicht auf Wien beschränkt – ökologische Holzarchitektur von Weltrang ent-

1 Zwei Stühle von Franz West, Gemälde von Herbert Brandl
2 Long Chair mit Fußteil von Walter Pichler
3 Karaffe Josephine von POLKA Design für Lobmeyr
4 Skulptur von Erwin Wurm

1

2

3

4

steht z. B. im zweitkleinsten, am westlichen Zipfel Österreichs gelegenen Bundesland Vorarlberg. Der Architekturspezialist Otto Kapfinger verweist etwa auf einen Befund des internationalen Design-Magazins „Wallpaper“, das schrieb: „Wir haben den Globus abgesucht und sind einstimmig der Meinung, dass Vorarlberg der progressivste Fleck der Erde ist, wenn es um neue Architektur geht.“

VERFÜHRT EIN DERARTIGES Kompliment, um mit Karl Krauss zu sprechen, „zu verantwortungsloser Heiterkeit“? Ein gewisses Maß an Heiterkeit ist Grundbedingung für unaufgeregtes und dennoch von verschiedenen Stilen inspiriertes Wohnen. Das konnten wir auf unseren Besuchen in über 50 Wohnungen, Häusern und Palais immer wieder beruhigt feststellen. Verantwortungslos, weil sie dem einst ehernen Gesetz der Stilreinheit nicht mehr Genüge tut, ist diese Heiterkeit aber natürlich nicht. Vielmehr ist sie unbeschwert.

Weil den Part des Stylisten in den gezeigten Fällen die Persönlichkeit der Bewohner übernahm, den Part des Dekorateurs deren Leben. Erinnerungen waren Inspirationsquelle, der Charakter ein unbestechlicher Kritiker.

Diese Interieurs erzählen ihre eigenen Geschichten und verraten nur dem Auge des Eingeweihten ihre Geheimnisse. Sie lassen Gedanken Raum und Träumen Freiheit. Unbeirrt haben sie sich langweiliger Konventionalitätsfloskeln entledigt. So muten sie oft mystisch, manchmal schräg, dann wieder sittsam und aufgeräumt, immer aber herausfordernd an.

Stildiktate? Designgurus? – Das wären höchst ungebetene Gäste! Denn „Mensch-sein-dürfen“ war die Grundvoraussetzung für die Entfaltung des Persönlichen.

Wir haben gesehen, wie verfallene Häuser aus ihrem Dornröschenschlaf geküsst, verstaubte Räume aus einem Albtraum geweckt wurden. Haben die Geschichte eines Möbelstücks, die Ursache einer Kombination kennengelernt. Warum die Wahl auf diesen Architekten, auf jenen Künstler fiel. Warum dieser Stoff Gefallen, warum jener Sessel Anklang fand. Weshalb dieses Erinnerungsstück seinen festen Platz im Herzen hat und jenes Souvenir Tausende Kilometer im Koffer mitreiste, um einen Stammplatz in den eigenen vier Wänden zu erhalten.

Stil sei „das richtige Weglassen der falschen Dinge“, sagte einst Coco Chanel. Wir sind ganz bei ihr und fügen diesem Satz nur noch hinzu: „Austrian Style“ ist die richtige Symbiose wichtiger Dinge!

1 Kaffeetisch von „Walking Chair“
2 Aluskulptur von Tone Fink
4 Sofa von Wolf D. Prix
5 Musikkasten von Dieter Roth

1

2

3

4

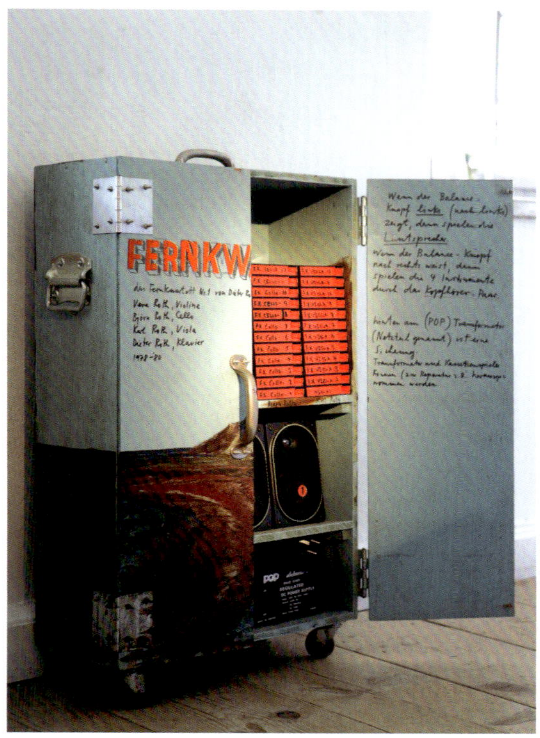

STADT

EBEN

Puristen mögen die eine oder andere der im Folgenden gezeigten Kombinationen als Sakrileg erscheinen, Stil-Mixern dagegen werden sie erfreutes Staunen bescheren. Mit kahlem Ambiente und herzlosem Design haben wir hier nichts am Hut, mit der Freude am fröhlichen Durcheinander umso mehr!

— **„ICH SUCHE ALLERLANDEN EINE STADT,** die einen Engel vor der Pforte hat." Else Lasker-Schüler wäre von den engellosen Pforten vor Österreichs Städten enttäuscht gewesen, aber wie hätte sie gestaunt, hätte sie die prachtvollen Kirchen, Brunnen, Schlösser, verwunschenen Plätze und verwinkelten Gässchen gesehen. Gotik, Renaissance, Barock, Gründerzeit, Jugendstil, Postmoderne und futuristische Architektur, so gut wie alle Baustile zieren die urbanen Fassaden dieses einstmals riesigen Landes. Passend zur mittlerweile unaufregenden Größe kostet das Durchschreiten seiner Zentren weniger als eine Stunde. Spaziergänge durch vermeintliche Theaterkulissen!

Besuche in höchst realen Wohnwelten prägen hingegen die folgenden Seiten. Statthalter aller sind Wärme und Eleganz, jede für sich ist ein Unikat. Individuelle Atmosphäre und dekorative Raffinesse beweisen Mut und Muße zu gewagten gestalterischen Interpretationen. Abgeschottet von eventuellen Unbehaglichkeiten städtischen Alltags, sind sie nicht notwendiger Zufluchtsort, sondern heißgeliebter Erholungsort!

Charaktere, Traditionen, Kulturen und Menschen prallen in Städten ungebremst aufeinander. Wohnen in der Stadt bedeutet Herausforderung, verlangt Offenheit, Flexibilität, Toleranz, Geduld und Risikobereitschaft. Aber machen nicht gerade diese Attribute die Sache so spannend? Stadt ist die „Koexistenz des Verschiedenen, Überraschenden, Unbekannten und Fremden", sagt der Stadtsoziologe Hartmut Häußermann. Urbanität heißt Veränderung, und Veränderung ist ihre vertraute Konstante. Doch schließen Urbanität und Humanität einander aus?

Nein, nicht hier in Österreich! Die Städte dieses Landes sind gesegnet mit Lebensqualität, ebenso wie die persönlichen Lebenswelten ihrer Bewohner. Die Innenwelten, zu denen uns die Connaisseure in Sachen Stil ihre Türen geöffnet haben, sind im Lauf der Zeit harmonisch verschmolzen. Persönlichem Geschmack und familiärer Geschichte wurden standhaft Treue gehalten. Nicht das ins Auge stechende Design ist in diesem Kapitel Thema – es geht um Kompositionen.

„Die Schönheit liegt im Auge des Betrachters", heißt es! Manchmal ist sie aber auch ganz offensichtlich. Das „gute Österreich" sei „vom Alten, Bewährten, Gelebten, von oft sehr traditionellen Bezugspunkten und Perspektiven nur schwer zu trennen. Hier und nur hier … lässt man sich kaum vom Virus des ‚Fortschritts' beirren", so charakterisiert Peter Noever, Direktor des Museums für angewandte Kunst in Wien, die Befindlichkeit des Landes. „Man lebt das Leben in vermeintlicher Geborgenheit, umgibt sich mit Versatzstücken unterschiedlichster Provenienz, zelebriert einen Stil …"

Ja, aber welchen Stil zelebriert man hier? – Einen, der Mut zum Spiel mit gestalterischen Facetten erfordert. Samt einer Portion Pfiffigkeit, abgestimmt mit einem Tick Nonchalance.

Die Pirsch nach dem geeigneten Objekt ist der geliebte Samstagssport des Städters. Was nicht im Testament stand oder unter dem Christbaum lag, das sucht er beim Altwarenhändler, im Antiquitätenladen, auf Flohmärkten oder in Auktionshäusern. Er erkundet Ausstellungen, macht Galerien unsicher und trinkt das eine oder andere Achtel im Atelier eines befreundeten Künstlers. Er sieht sich in den hippsten Möbelläden um und stattet seinem Lieblingsantiquariat eine Stippvisite ab.

Puristen mögen die eine oder andere der im Folgenden gezeigten Kombinationen als Sakrileg erscheinen, Stil-Mixern dagegen werden sie erfreutes Staunen bescheren. Mit kahlem Ambiente und herzlosem Design haben wir hier nichts am Hut, mit der Freude am fröhlichen Durcheinander umso mehr! Da trifft die Klarheit von Retro-Nostalgie auf die Jugendstil-Strenge Josef Hoffmanns, die Lieblichkeit des Biedermeiers auf amerikanisches 60er-Jahre-Design, Historismus auf zeitgenössische Kunst, Jugendstil auf die Accessoires einer von Fernweh getriebenen Reiselust. Gründerzeitstrukturen halten ein Stelldichein mit Austro-Design, 50er-Jahre-Schick mit Ringstraßenpracht, Biedermeier mit österreichischen Maler-Stars.

Altbau oder hypermodernes Flat – alle Räume tragen das unverkennbare Sigel ihrer Besitzer. Sie sind gestalterische Glaubensbekenntnisse! Quintessenz ist ein unbekümmerter Mix-Up. Überall geben Qualität und Niveau ihr Sanctus dazu. Die hier gezeigten Interieurs belegen, dass „Dilettantismus" im positiven Sinne und Genialität einander nicht ausschließen!

ENTRÉE

← Ein zwangloser Empfang für Laien, ein kunsthistorisch epochaler für Kenner: Zwei scheinbar unscheinbare T sche, extra zum Zweck der Präsentation von einem Tischlermeister angefertigt, bieten ein Kapitel österreichischer Nachkriegs-Kunst: Der „Stempelkasten“ und der „Schokolademalkasten“ von Dieter Roth, beides Relikte des Wiener Post-Aktionismus, fanden in den Schaukästen ein würdevolles Unterkommen. Das Bild darüber ist ein Gemeinschaftswerk von Dieter Roth und Arnu f Rainer.

↑ Ein rotes Wollknäuel, auf dem es sich trefflich sitzen lässt – dieser witzige Stuhl von Ed-a begrüßt jeden Gast aufs Herzlichste. Vor allem Kinder haben ihre Freude: Den Vogel in diesem quietschfidelen Entrée schießt der rot lackierte, fahrbare Kinderstuhl in Form eines Mini-Einkaufswagens ab.

← Obwohl diese Villa fast ganz ausgehöhlt wurde, gaben die Besitzer dem Architekten eine Vorgabe: Dieses Stiegenhaus musste bleiben wie es war. Das schmiedeeiserne Rankgitter zieht sich durch das gesamte Haus, die originalen Jugendstilfliesen wurden sorgfältig bewahrt. Was alles andere als einfach war.
↙ Artiger Abgang – ob dieser den Besitzern dieser Stadtwohnung mit Dachterrasse recht ist? Wer bleiben will, weil die Aussicht so schön ist, kann ja ein Spielchen wagen. Schach mit Originalfiguren des österreichischen Bildhauers Alfred Hrdlicka. Umgeben von allerlei zeitgenössischer Kunst.

Pracht, Prunk oder Protz? – Das kann jeder für sich entscheiden. Das Auge ergötzt sich an diesem majestätischen Aufgang. Ein vermögender Herr ließ für sich und seine Familie Ende des 19. Jahrhunderts diese neobarocke Stadtvilla bauen. Er reiste durch aller Herren Länder und suchte sich überall das Schönste. Seine Nachfahren erfreuen sich heute noch daran. →

Zwei Souvenirs sperriger Art, aber die Mühe hat sich gelohnt. Das große Bild mit den verschiedenfarbigen Totenköpfen heißt „Memento Mickey" und ist eine „Collage on foam board" des Amerikaners Jeff Scher. Die Bank darunter ist eine schöne Erinnerung an Indonesien. → Cooler Schick! Die vergoldete Konsole kommt vom italienischen Möbelhersteller Boffi, doch der wahre Star in diesem Entrée ist der Wiener Art déco-Fauteuil. Die afrikanischen Masken und die dezenten Aktfotografien der schönen Hausherrin sind auf ihre Weise konkurrenzlos. ↘

← Dieses Prachtstück von Kommode entbehrt zwar jeder Praktikabilität, vereinigt aber kleinere und größere Schönheiten zu einem prachtvollen Ganzen. Spiegel und Kommode kommen aus einem Pariser Antiquariat. Zwei der Vasen entstammen dem Atelier des österreichischen Glas- und Keramikkünstlers Sebastian Menschhorn, zwei weitere wurden in einem spanischen Laden aufgelesen. Das entzückende Engelchen vererbte eine liebende Großmutter – es bittet zum Gebet.

↑ Wohin mit dem Gewand in einem Eingangsbereich, der trotz Größe die Würde hatte, sich nicht mit Einbauschränken zupflastern zu lassen? Der Architekt Johannes Baar-Baarenfels quittierte diese Frage mit dem Einbau einer robusten Kleiderstange, einer weißen Blende und einem Sideboard in der Fensternische. Links an der Wand ein frühes Werk von Hans Staudacher.

↑ Alkoven ade? – Nicht in Österreich! Hier werden Erker, größere Fensternischen und Alkoven gepflegt und geliebt und so wie hier mit einem schlichten weißen Esstisch und von Hermann Czech entworfenen, bei Thonet gefertigten Sesseln versehen. Davor herrscht in dem sechstürigen Entrée der Beletage die nach allen Himmelsrichtungen bespielbare Garnitur „Isola" von Poltrona Frau. „Zeus" und „Teti" haben ihre göttliche Macht verloren und dienen nun – von Zanotta entworfen und aus Keramik fabriziert – als Hocker oder Beistelltische.

Eine Garderobe, die auf Konventionen pfeift. Der Kleiderständer ist von Cappellini und könnte auch gut als Skulptur durchgehen. →

← „Denken hilft zwar, nützt aber nichts", könnte Ausdruck dieses Samelsuriums auf den ersten Blick sein. Auf einem „Kioto-Tisch" steht neben Allerlei ein neobarocker Kandelaber und daneben eine mittlerweile beinahe unbezahlbare Puppe des japanischen Künstlers Takashi Murakami.

↙ Hat das Art déco-Schreibtischchen ausgedient? – Nein, es wurde nur leergeräumt, um seine Feinheiten besser zur Geltung kommen zu lassen.

↑ So eine ungehörige Pose! Was will uns die österreichische Künstlergruppe Gelitin, die diese Skulptur für den „Life Ball" anfertigte, damit sagen? – Dass es unglaublichen Spaß macht, zu provozieren …

Eine rauchende Dame in typisch lasziver Haltung von Malcolm Liepke dreht der klatschenden „Bärlin" von Ottmar Hörl auf dem Thonet-Klassiker desinteressiert den Rücken zu. Getragen wird das Ganze von fröhlichen Orange- und Gelbtönen – was wie gut improvisiert wirkt, ist eine ausgetüftelte Komposition. Manchmal trügt der Schein! →

← Art déco – Hallo! Obwohl sich Art déco in Österreich nie wirklich durchsetzte, hat es sich in dieser Innenstadtwohnung einen Platz erobert. Der Boden ist aus Krastaler Marmor, die Fauteuils sind „alte Stücke", wie die Dame des Hauses sie bezeichnet, aus den 40er-Jahren. Das Bild an der Wand zwischen den beiden Schönen ist von André Marchand (Paris, um 1930).

↙ Die Buddha-Statue hebt freundlich die Hand zum Gruß. Vor dem Bild des Künstlers Robert Hammerstiel wirkt sie noch entgegenkommender. In die herrlich patinierten Lederchairs von Andrew Martin möchte man sich am liebsten hineinkuscheln. Die Lampenskulptur aus Straußeneiern ist der Kreativität von Mutter Natur und Lichtkünstlern zu verdanken.

In diesem Ringstraßenpalais lebt ein leidenschaftlicher Jäger, was unschwer bereits beim Eintreten zu erkennen ist. Kachelofen und Holzdecke sind opulent. Über dem neu bezogenen Biedermeiersofa hängen wertvolle Stiche vom mittelalterlichen Donauraum und Wien. Das Zebrafell? – Natürlich selbst erlegt. →

SALON

Wohnt hier ein Patriot? Man könnte es annehmen, zieht man die auffällige Farbwahl in Betracht. Rot-weiß-rot: Das erinnert doch an die österreichischen Nationalfarben! Der rote Lederfauteuil von Ferrari unterhält sich perfekt mit den rot-gelben Werken des umtriebigen deutschen Künstlers Ulrich Erben. Die zwei großen weißen italienischen Sofas von Flexform mischen sich in diesen Dialog nicht ein. ↘

← Schönheit liegt ja angeblich im Auge des Betrachters, hier aber ist sie offensichtlich. So können Ballsäle aussehen – in diesem Fall nennt sich die Pracht bescheiden „Salon". Bestens erhaltener Sternparkett, marmorne Säulen, Stuck und Reliefs, soweit das Auge blickt, sowie verglaste Flügeltüren und vergoldete Megaluster – dem Besucher stockt der Atmen, die Geschichte flüstert ins Ohr. Alles wurde original erhalten, nichts zu Tode restauriert! Die zwei runden Liegen würden zwar einem Sultan zur Ehre gereichen, sind aber von Ikea. Allerdings mit eigens genähtem Samtbezug!

← Alles vom Trödler und dennoch ultraschick! – Nein, fast alles: Das Gemälde stammt aus der Serie „Der Schein der Scheinheiligen ... die Päpste" von Rudi Holdhaus und lässt erahnen, dass der Künstler nicht viel von den Kirchenoberhäuptern hält. Die zwei Stühle sind zwar „No Name"-Design, deswegen aber nicht weniger verführerisch. Sie stammen aus den 60ern und wurden bei einem auf diese Epoche spezialisierten Wiener Möbelladen günstig erhandelt.

Zeitgeist meets Tradition: Der schwarze Bösendorfer-Flügel, ein Bestandteil der österreichischen Kulturidentität, verleiht der Lichtinstallation von Brigitte Kowanz einen Spiegeleffekt der besonderen Art. Das Werk stammt aus der Reihe der ins Morsealphabet übersetzen Sequenzen der österreichischen Künstlerin – in diesem Fall: „Licht ist was man sieht". Im Hintergrund: eine überdimensionale, und daher besonders wertvolle Zeichnung von Hermann Nitsch. Darunter: eine Speisezimmergarnitur von Wittmann. →

↑ Der klassische Wiener Ringstraßensalon kommt aus einer guten Schule. Er erfüllt alle Ansprüche einer soliden Erziehung: Sofas und Fauteuils sind artig mit verschiedenfarbigen Brokatstoffen überzogen, schwere Seidenvorhänge zieren die riesigen Fenster. Desweiteren finden wir hier einen Kristallluster, prachtvolle Stuckatur und flämische Tapisserie. Den Blick auf den Park überlassen wir der Phantasie.

Erst großer Saal, jetzt kleiner Erker: Das geschnitzte Mahagoni-Sofa (ca. 1840) beweist, dass wahre Aristokratie nicht immer einer großen Bühne bedarf. Es stand ursprünglich im Stadtpalais Liechtenstein. Bezogen wurde es mit einem „Velours d'Utrecht". Die zwei weißen Fauteuils wirken in dieser Komposition klischeefern – obwohl sie von Philippe Starck sind. →

↑ Hat über dieses Palais am Stadtrand nicht ein Spaßvogel augenzwinkernd gesagt: „Hier wird selbst der Neidloseste zum Kommunisten!"? – Ja, hier lässt es sich leben, und irgendwann wird auch Feudalität selbstverständlich. Die Tapisserien sind französische Chenille-Stickereien aus dem 18. Jahrhundert, die Napoleon nach Wien bringen ließ. Dazupassende Stoffe fand man bei Designers Guild in London.
← Ein schräger Mix mit jeder Menge Esprit. Jedes Stück ist sorgfältig ausgesucht und von besonderem Wert. Das türkisfarbene Biedermeiersofa aus dem Jahre 1835 hat Seltenheitswert.

POSTWAR AND
CONTEMPORARY ART

Ein reiselustiges Reptil: Das Krokodil von Cameron Platter hat schon seine Koffer gepackt. Wohin es wohl will? Ob die wertvolle rote Murano-Glasschale noch hineinpasst? → Jederzeit reisebereit? – Nein! Denn diese, mit der Patina des ewigen Fernwehs überzogenen Louis Vuitton-Koffer sind nicht gepackt. Vielmehr zeigen sie uns, wie Beistelltische auch aussehen können: wie zufällig übereinander gestapelt und von ausgestopften Goldfasanen streng bewacht. ↘

← Skurrilität in der Strenge: Inmitten eines geradlinigen Interieurs steht dieser bizarre Stuhl aus Bronze von einem Designer aus Hongkong. Daneben wirkt das Berliner Eisenguss-Tischchen fast schüchtern. Julie Monaco sorgte für die sich verziehenden Wolken darüber.

↙ Ein mobiliarer „Schmachtfetzen" im positivsten Sinne des Wortes. Dieser Wiener Rokokosessel kann sich rühmen, original bestickt und besonders gut erhalten zu sein. Er hat seinem Alter ein Schnippchen geschlagen. Nun dient er eher der Zierde – eine Lichtskulptur in Form eines Hundes wurde ihm zur Seite gestellt.

← Gewusst wie! Die riesigen Ledercouchen von Cassina sowie die beiden bunten Lümmelsessel – Gerrit Rietveld-Nachbauten von Pierro Lissoni – laden zum Feiern, Faulenzen oder Fantasieren ein. Der Couchtisch stammt aus der Werkstatt berühmter Designer: Charles und Ray Eames. Die gesamte Komposition moderner und klassischer Elemente vor der historistischen Kulisse nimmt dieser die Großsprecherei.

↑ Der barocke Wandschrank, zusammengesetzt aus Einzelelementen, wurde im Wiener Dorotheum ersteigert. Das Ron-Arad-Designzuckerstück wird von zwei Werken aus der Reihe „Ecce Homo“ von Valentin Oman flankiert. In der Ecke eine Pergament-Skulptur von Margit Hartnagel. Wer fürchtet sich vor dem brüllenden Tiger?

Der prachtvolle Kachelofen stammt aus dem Besitz einer Familie des österreichischen Hochadels und stand einstmals in deren Wiener Palais. Er bildet einen charmanten Gegensatz zu der hängenden Holzskulptur der österreichischen Künstlerin Ilse Haider. Mit ihrer außerordentlichen Technik zeigt sie Portraits berühmter Persönlichkeiten – hier Madame Curie –, die je nach Position des Betrachters eine sehr subjektive Betrachtungsweise zulassen. Daneben ein Werk von Rita Nowak, das die Kinder des Hauses in der Pose eines alten Gemäldes zeigt. Ein Klassiker: die beige Ledergarnitur von Wittmann. →

← Es ist nicht alles Silber, was glänzt. Anders herum: Auch mit geringem (finanziellen) Aufwand lässt sich ein Maximum erzielen. Gründerzeitstrukturen flirten heftig mit Kuhfell, Warenhausvasen, gefaktem Silber aus Indien und einem Nachbau von Le Corbusier.

Dieses Zimmer hat zwar keine Fenster, aber ein prachtvolles Deckengemälde aus dem Jahre 1889, das ein uns unbekannter Kärntner Maler schuf, und eine „Trompe l'Œil"-Malerei, die die Kuppel der Michaelerkirche zeigt. Diese Kunstwerke machen den Mangel an Aussicht mehr als wett. Fauteuils, Tischchen und Lampen stammen aus den 40er-Jahren. ↓

Das „chinesische Zimmer" war in den Salons der Jahrhundertwende ein Statussymbol. Der Erbe möbelte es ordentlich auf: mit Fauteuils aus Paris und modischeren Stoffen. Die Tapisserien, den Luster und viele Details beließ er aber. Damit gelang ihm eine adäquate Zeitanpassung. ↘

Pepper and Salt, mehr Farbe braucht die riesige Couch von Minotti nicht. Den „Himmel über Wien", eines ihrer berühmten Wolkenbilder, hat die Tiroler Fotokünstlerin Eva Schlegel darüber hingezaubert. Ein Backgammon-Spiel – aus einem Bazar in Kairo – steht bereit, sollten sich die Wolken je verdüstern. Der Mix aus liebevoll gesammelten Murano-Glasobjekten sorgt für die nötige Farbigkeit. →

↑ Das braune Zimmer kann sich den Farbton leisten, wird seine Helligkeit doch von allen Seiten gespeist. Die Affinität der weitgereisten Hausfrau zu Stoffen jeder Art und Form fand hier seine Entsprechung. Die Tapete ist von Donghia, USA, und nennt sich „Grass Cloth“. Das Sofa und die zwei kleinen Fauteuils sind von George Smith, London, der „Swan Chair“ ist ein Werk Arne Jacobsen von 1960. Der Couchtisch kommt aus dem Atelier von Franz West. Die Graphiken von Christian Ludwig Attersee darüber beschreiben kurz und bündig die meist vorherrschende Großwetterlage über Wien: „Katzenwetter“!

↑ Das ist Stilkontrast: Die Skulptur der Heiligen Anna mit der kleinen Muttergottes hat schon viele Jahre auf dem Buckel und etliche Kerben im Holz. Zu dem puristischen Kamin, über dem ein Kopf des Künstlers Walter Navratil hängt, bildet sie einen reizvollen Kontrapunkt. Die Sitzgarnitur stammt von Minotti, die Sideboards und Beistelltischchen aus einer niederösterreichischen Tischlermanufaktur – angefertigt nach Eigenentwürfen. Rechts gibt's Fun mit den ironischen Pulloverbildern von Erwin Wurm, der sich bei der Hängung mit den architektonischen Verhältnissen abfinden musste.

Dieses Tischchen ist eine Rarität aus der Zeit um 1730! Mit ovaler Tischplatte, den drei Beinen und der Mittelstütze an der Längsseite muss man zweimal hinsehen, um es als rund, dreieckig oder oval auszumachen. Ein weiteres Rätsel gibt die Aluminium-Skulptur von Heinz Frank aus den 90er-Jahren auf: Stellt sie einen Teil eines Armes (falsch) oder einen Ast (richtig) dar? →

← Dieses Regal aus warm gewalztem Stahlblech von Wolfgang Laubersheimer aus dem Jahre 1985 nennt sich so, wie es aussieht: das „verspannte Regal". Es zieren Silberkannen und edle Objekte aus dem 19. Jahrhundert. ↙ Family Affairs. Dieses Werk ist von der österreichischen Malerin Clarisse Praun, deren Sohn Lukas den aus Birnenholz gefertigten Fauteuil darunter entworfen hat.

Harte Getränke und leichtes Gepäck: In diesem antiken Metallkoffer – erstanden bei einem der unzähligen typischen Wiener Altwarenhändler – findet sich Platz für allerlei Hochprozentiges. Mit Leder ausgekleidet und von innen beleuchtet, ergibt das Stück eine Bar abseits der Norm. →

Ein widerspenstiger Mix – hier begegnet die kühle Strenge des Designs historistischer Ästhetik. Der große Couchtisch namens „Schwanenhals XXL" kommt aus dem Design-Atelier von Michael Hofstetter (2005) und wurde im Dorotheum ersteigert. Er bietet die Ebene, auf der sich die Keramikschale von Picasso präsentiert. Für die Fotokunst an den Wänden hat Massimo Vittali gesorgt. Und wer war für den üppigen Marmor verantwortlich? – Ein blaublütiger Gesandter aus dem Zarenreich. Die Liege? – Le Corbusier. →

ESSEN

← Die Küche, die vom Innenarchitekten Johannes Baar-Baarenfels entworfen wurde, ist äußerster Schlichtheit unterworfen. Einzige Farbklekse sind die zwei Design-Glasschalen von Marc Newson. Um bei der Wahrheit zu bleiben: In dieser Küche wird selten gekocht, aber dennoch viel gearbeitet. Sie dient auch als Büro, man beachte den dezenten Bildschirm über der vorderen Arbeitsfläche.

← Diese Küche ist auch ein Hort der Lieblingsstücke leidenschaftlicher Sammler. Das hellblau-goldene Service stammt aus Böhmen (Mitte 19. Jh.), die silberne Teekanne aus England, und das Tablett ziert Josef Franks Stoffmuster „Hawaii". Emaillierte Weidlinge und Gugelhupfformen sowie die Wandbuchstaben kommen vom Flohmarkt, die Edelstahltöpfe von der amerikanischen Firma All-Clad. Der Gasherd stammt aus den 70ern. Darauf wird natürlich noch gekocht, oft genug für mehr als zehn Leute. Er gehört wie so vieles in diesem bunten Refugium zu den gepflegten Lieblingsstücken. Ob er jemals aus freien Stücken einem neuen Modell wird weichen müssen?

↑ Eine etwas andere „Kochnische". Viel Nirosta, viel Grün, viel Dachschräge und viel Licht – das ist die geschmackliche Kombination, aus der diese Küche von Boffi kreiert wurde. Besonders gelungen ist der Lichtausgleich. Hier kann auch gegessen oder ein Pläuschchen mit der Köchin gehalten werden.

↗ Eine Kücheninsel, die alle Stückerl spielt. Einen Teppanyaki-Grill gibt's hier ebenso wie einen eingebauten Wok und alle möglichen Spielarten an Herden. Die Kräuter für die köstlichen Gerichte wachsen ebenso in der Küche wie auch außerhalb. Fenster auf – schon haben wir Basilikum, Petersilie und Estragon zur Hand! Durch die Kombination aus Stahl, Holz und Grün wirkt einfach alles einladend. Nicht nur für Gäste, auch für Köchinnen.

Offene Einheiten – geschlossene Atmosphäre. Dies war die Aufgabenstellung der Bauherren an den Architekten Helmut Friedrich. Der offene Gaskamin und die abgehängte Akustik-Holzdecke in Eigenbau sorgen für Heimeligkeit trotz cooler Neuheiten. Äußerst einladend sind die mit dunklem Leder bezogenen Essstühle, von denen aus man der Köchin beim Zubereiten der Köstlichkeiten zusehen kann. →

↑ Dieses Jugendstil-Fenster sieht man lieber an, als durch es hinaus. So ähnlich verhält es sich mit den Gläsern, die von Josef Hoffmann entworfen wurden. Man erfreut sich lieber ihres filigranen Anblickes, als dass man aus den wertvollen Stücken ein Schlückchen nehmen möchte. Zu kostbar, auch wenn es köstlich schmecken könnte.

↑ Kaffeekannen, Teekannen, Saucieren, Zucker-, Salz- und Pfefferstreuer, Schälchen und Döschen. Alles aus feinstem Silber und aus einer Zeit, die wir hier so gerne sehen: Wiener Sezessionsstil. Teilweise von Josef Hoffmann, teilweise von Koloman Moser.

↑ Silber allüberall auf der grauen Granitplatte dieser Kochwerkstätte. Altes und Geerbtes wurde hier mit nicht ganz so Altem aus Indien gemischt und ergibt eine feine Komposition – wie die Gerichte, die in dieser Küche gezaubert werden. Edgar Honetschlägers Skizze der Küchenutensilien wirkt hier wie das Salz in der Suppe – oder wie der Löffel?

Kaum zu glauben, aber dieser ausziehbare Eschentisch ist von der österreichischen Caritas. Aus völlig anderen Quellen stammen die verschiedensten bunten Designerstühle von Philippe Starck, Charles und Ray Eames sowie der Panton Chair von Vitra, die der Interiordesigner Antonis Stachel in ausgelassener Buntheit zusammengetragen hat →

↑ Lackaffen hereinspaziert – diese Küche wird euch gefallen! Weiß, dezent glänzend und sehr aufgeräumt ist es hier: Lackküche der italienischen Marke Varenna, die nur Grünes an ihr Blütenweiß lässt, wie das Bild mit dem Titel „Der Garten" eines unbekannten Künstlers und allerlei Kräuter. Understatement scheint hier generell ein Hobby zu sein: Der Tisch im Vordergrund ist nicht einfach nur ein Tisch, an seiner Rückseite verbirgt er die Spüle und eine große Herdplatte. Die Abhängung in Nirosta ist Dunstabzug und Lampe zugleich. Kleinere Gesellschaften können hier genüsslich speisen, bei größeren verwandelt sich das Riesenutensil in eine praktische Arbeits- und Anrichtefläche.

↑ Die Essstühle aus dunklem Leder des österreichischen Möbelherstellers Wittmann würden ein Lied über Design „made in Austria" singen, wenn sie nur könnten. Die Sammlung von Silbernem und Versilbertem aus allen Ecken und Enden Europas hingegen spendet das Kerzenlicht für den Tisch, das Salz für die Suppe und den Zucker für den Guss.

← Großreinemachen hieß die Devise. Dies stellte bei der Renovierung der Gründerzeit-Villa eine heikle Aufgabe dar, war sie doch bei mehreren Umbauten in unzählige kleine Einheiten unterteilt worden. Mit größter Behutsamkeit nahm sich der Architekt Kai Hagmüller der „Entschachtelung“ an. Die Mühe hat sich gelohnt. Was zum Vorschein kam, erfreute alle Beteiligten, beispielsweise diese geschnitzte Decke, die unter Rigips verborgen lag. Ihr wurde ein heller Anstrich und ein prachtvoller Lobmeyr-Luster angediehen. Die Essstühle sind von Wittmann, über der weißen Couch im Hintergrund kündigt ein Nitsch den Anbruch einer neuen Periode an.

Keine Angst – beim Anblick dieses Medusenhauptes erstarrt niemand zu Stein. Es ist ja nur eine Lampe! Oder doch nicht? Bei genauerem Hinsehen lässt sich erkennen, dass dieses rote, schlangenförmige Gebilde eine Glas-Skulptur von Dale Chihuly ist – das Licht spendet eine Deckenleuchte. Tisch und Sessel darunter wurden von dem italienischen Architekten und Designer Danilo Silvestrin entworfen, die Bronze-Skulptur dahinter ist ein Werk Josef Pillhofers. →

Fröhlichkeit trotz Schwere – dieses Gegensatzpaar zu vereinen war gezieltes Kalkül. Dem Speisezimmer des klassizistischen Stadtpalais steht die hellblaue Wandfarbe ganz fabelhaft, den Biedermeiersesseln der blau-weiß karierte Bezug. Beides nimmt dem überladenen Ambiente die melancholische Wirkung. Ebenso wie das Weiß der Türen und Türbögen, die in viele weitere Räume führen. →
Für den Mann von Welt ist das Universum nur ein Vorort. Die Frau von Welt schafft sich ihr eigenes Universum: hier mit viel Empire und noch mehr Rot. Dazu die eigens geschaffene „Wandträne" von Markus Hofer und das Fotowerk von Michael Huey, das in die klassische Umgebung Florida-Feeling mit 50er-Jahre-Chic zaubert. ↘

← Brokatvorhänge, Seidentapeten, pompöser Stuck an der Decke, dazu – wenn der Tisch gedeckt ist – feinstes Silber, Porzellan und Kristall, die beste Küche und die edelsten Weine … hier lässt sich königlich tafeln, wie viele Gäste wissen. Deshalb bestand der Hausherr auch auf die opulente Gestaltung des Speiseraumes. Kaum zu glauben, dass dieses Haus erst vor wenigen Jahren völlig neu erbaut wurde. Das stichhaltige Argument, auch diesen „Mix" aufzunehmen: Abseits des Esszimmers geht es locker, lustig und modern zu.

Kandelaber und Silber als Tischschmuck? – Fehl am Platz! Stattdessen krönt den „La Basilica"-Table von Mario Bellini für Cassina eine Skulptur von Gareth Noel Williams. →
In Reih und Glied stehen hier die ausladenden Sessel aus Italien, die schon vielen Gästen einen angenehmen Abend bereitet haben. Die Silberschale am Tisch ist ein Entwurf von Hans Hollein, gefunden bei Juwelier Schullin. ↘

← Ein Loblied auf das Birnenholz weiß der Möbeldesigner Lukas Praun zu singen, der diese Stühle entwarf und ihnen rotes Leder anmessen ließ. Täfelungen und Tisch stammen aus der Gründerzeit.
↙ Eine Art déco-Kommode hat sich mit einer typischen Glasskulptur der Kärntner Künstlerin Kiki Kogelnik angefreundet. Ihr Hauptthema war der weibliche Körper oder dessen Teile. Das Bild von Rudi Goessl bringt sich unaufdringlich in das Gespräch ein!

← Ein Hoch der Schlichtheit. Wem die Komposition dieser Ringstraßenwohnung zu karg ist, dem sei gesagt, dass hier jedes Objekt für sich spricht: Das rote Bild ist von Andy Warhol „himself", jenes über der schönen Barockkommode ist von Leon Abramowicz. Tisch und Stühle sind originales Biedermeier.

← Sinnlichkeit übt hier ihr Metier, wie schon das viele Rot an den Wänden zeigt. Sollte der Tischgesellschaft der Tratsch ausgehen, so kann sie über die vielen Kunstwerke diskutieren. Was wollte Gudrun Kampl mit ihrer blutroten Samtarbeit „Herz" ausdrücken? Wie großzügig von Hermann Nitsch, dass er sich bei den Hausleuten für das Sponsoring einer Ausstellung mit einem Hemd, das er bei einer Schüttaktion trug, bedankte! Und wie witzig Andreas Leikaufs Frage-Antwort-Spiel: „Any ideas?" – „No". Der Fellteppich von „Living Carpets" und Stühle und Tisch von B & B Italia wurden ursprünglich für einen anderen Raum ausgesucht – hier sind sie dennoch nicht fehl am Platz! Die Kandelaber wurden im Dorotheum ersteigert.

↙ Allein die Farben schmeicheln sich ein. Dieser Essplatz sprüht vor Esprit. Das Portrait vom kleinen Sohn versucht sich aus dieser Perspektive hinter der Lampe von Molte Luce zu verstecken, was nicht ganz gelingt. Das süße Kindergesicht, von der Kärntner Künstlerin Helga Druml gemalt, lächelt uns trotzdem schüchtern entgegen.

Modernität und Hippie-Nostalgie halten sich gekonnt die Waage. Die zwei Frauenportraits der Tiroler Künstlerin Eva Schlegel harmonieren wie füreinander geschaffen mit dem lichtspeienden Leuchtwunder, der farbverstellbaren Hängeleuchte von Artemide – je nach Lust und Laune wählt man die passende Farbnuance. Die verschiedenen, stilistisch aber in Brüderlichkeit vereinten Stühle stammen aus den späten 60er-Jahren und wurden bei einem österreichischen Spezialisten für Möbel dieser Art erstanden. →

RÜCKZUG

Eine Vision wurde Realität: „Ich zeige dem Zeitgeist die Zunge und lasse die Jahre mit ihren modischen Tücken lächelnd an mir vorüberziehen." Dieser Maxime blieb der Bewohner dieser zentral gelegenen Wohnung ein Leben lang treu! Die Stehlampe ist von Otto Auböck, das Kirschblütenbild war Teil eines japanischen Wandschirms. Links davon hängt ein frühes Aquarell des Phantastischen Realisten Wolfgang Hutter, rechts eines der Großtante. Die goldfarbene Samtgarnitur erstrahlt in Retro; sie wurde vor langer Zeit in Italien entdeckt. →

← In den Regalen wäre noch Platz für so manchen Schmöker – doch gut Ding braucht Weile, schließlich wurde Rom auch nicht an einem Tag erbaut. Ambitionen der neueingezogenen Besitzer, die Bibliothek schnellstens zu füllen, sind eindeutig erkennbar. Der Leseklassiker von Eames und die namenlose Leuchte sind Boten großer Leselust.

← Diese behagliche Ecke ist das Lieblingsplätzchen! Zwischen vielen Räumen und Türen gelegen, eingebettet unter dem prachtvollen Treppenaufgang, werden hier oft die wichtigsten Dinge des Tages besprochen, es wird telefoniert, gechattet oder einfach nur Zeitung gelesen. Das Bildnis des Jünglings stammt von einem nicht unbekannten Urgroßonkel der Familie, von Franz von Matsch. Es hat eine prominente Geschichte – gehörte es doch den Exponaten der Weltausstellung von 1900 in Paris an.

Klassische Ringstraßenpracht hat sich einen Platz zum Arbeiten gesucht. Der historistische Schreibtisch wird von der ganzen Familie benützt – der Paravent mit den alten Weltkarten gestattet den Träumen eine Reise. Das über dem Schreibtisch platzierte Werk eines unbekannten Künstlers zeigt eine Prima Ballerina – einladend liegend. Doch das sind andere Träume … ↙

Ist dieses Ensemble eine Huldigung des Zufalls? Oder ist es Kalkül? Dass hier eifrig gearbeitet wird, ist jedenfalls nicht zu übersehen. Dass völlig unbefangen, auf Basis sachkundigen Wissens, Stile gemischt wurden, auch! Dem Fleiß gen dient der kantige Sessel aus dem Design-Studio von Ursula Aichwalder und Hermann Strobl als bequeme Sitzfläche. Die hängende Skulptur über dem schlichten Biedermeier-Schreibtisch wird schlicht „Klumpen" genannt. Sie wurde 1995 von Götz Bury geschaffen und aus alten Stahlfässern zusammengeschweißt. ↓

Sprechstunde
HERMANN HESSE

← Architektonische Gleichschaltung hieß für die Gestalter und Besitzer dieses Heimes „No go"! Bunt, heimelig, einladend sollte es werden – und siehe da, es wurde! Die Tischlerarbeiten übernahm ein Meister aus Mondsee, die Idee der Bibliotheken-Nische durfte schon viele Komplimente einheimsen. Chesterfield und Ralph Lauren steuerten die Möblierung bei.

Sinn und Sinnlichkeit – gut gemixt und dem Zufall nicht ins Handwerk gepfuscht – strahlt der Rückzugsort aus, der im Laufe vieler Jahre wuchs und nicht nur absolutem Luxus frönen sollte. Die schwere Lampe stammt aus dem eigenen Landschloss, die Gewehre im Kasten sind ein väterliches Erbe. Der Stuhl ist bequem, das reicht; der Polster ist eine Erinnerung an einen „Life Ball". ↙

Bibliothek mit Aha-Effekt. Der Raum hat zwei Türen. Geschlossen fügen sie sich unmerklich in die Büchersammlung, welche auch getrost als solche bezeichnet werden darf, und sind dann als Ausgänge nicht mehr zu erkennen. Entworfen wurde dieses witzige und platzgebende „Bücherverlies" von Michael Emberger. ↓

Dieses Schlafgemach sorgte zunächst für schlaflose Nächte: Wie kann ein sechs Meter hoher und 80 Quadratmeter großer Raum behaglich wirken? Der architektonisch einschlägig gebildete Hausherr hatte alsbald ein kluges Konzept parat, wenn auch dessen Umsetzung nicht unkompliziert war! Ein Teil der Decke wurde abgehängt und mit Beleuchtungskörpern sonder Zahl sowie Unmengen von Stoff versehen. Dann musste noch ein kuscheliger Teppich und eine flauschige Felldecke her: So gelang die Übung, die dem Inneneinrichtungsfreak Antonis Stachel zu verdanken ist. →

← Statusgehabe und wohnliche Standesdünkel? – Nicht mit mir, dachte sich der Besitzer dieses Gründerzeit-Appartements. Dies galt auch für die Einrichtungsgegenstände, die im Laufe der Jahre von unzähligen Reisen mitgebracht wurden. Zeitloser Schick ist durch den orangen Eames-Lesestuhl und die fünfkugelige Kupferleuchte von Tom Dixon garantiert.

↑ Lange Beine sind hier sicher nicht von Nachteil. Um in dieses, mit dunklem Leder bezogene Bett zu gelangen, sollte man gelenkig sein, dafür kann man sich darin ungeniert nach allen Seiten rekeln und strecken, ohne auf dem Boden zu landen. Im Hintergrund die offene Badewanne. Verbale wie nonverbale Kommunikation ist bei dieser Art von Offenheit garantiert!

↑ Sehr aufgeräumt, sehr symmetrisch und sehr harmonisch! Hier schläft man sicher gut. Dezent und Ton in Ton ist dieses Gemach, was es sein soll: ein idealer Ruheort, der dem Bewohner nicht allzu viel Aufmerksamkeit abverlangt. Die holzgedrechselten Lampen wurden aus England mitgebracht, die Reiterbilder sind aus eigenem gräflichem Familienbesitz und die schlichten Nachtkästchen aus Leder fügen sich unaufdringlich und leise in das Ganze.

Dieser Schlafzimmer-Kasten ist absolut individuell, ein Erinnerungsstück an den Herzensmenschen, mit dem sich täglich leben und träumen lässt. Richard Praun, der Tischler seiner Zeit und in erster Ehe mit Anna-Lülja Praun verheiratet, entwarf den Kasten in den späten 50er-Jahren. Die Idee, die Täfelung auszusparen und mit eigenen Entwürfen, Skizzen und Zeichnungen von Freunden zu versehen, macht ihn einzigartig auf der Welt. ↗

Eine Spezialität sondergleichen ist dieses den Raum beherrschende Gemälde von Aymeric Giraudel, genannt „The Prophecy". Unzählige schöne nackte Männerkörper und nur eine einzige weibliche Silhouette prophezeien guten Schlaf. →

← Der Biedermeiersessel mit Originaltapezierung und die Kommode stammen aus einem böhmischen Schloss und sind aus der Zeit um 1835. Das Ölgemälde darüber zeigt einen „Young Man" und wurde von Wolfgang Wirth geschaffen.

↙ Blauäugig? Nein! Mit Farbe wurde an diesem Schlafgemach zwar nicht gespart, ebenso wenig wie mit Dekoration.

Es müssen doch nicht immer Bücher sein! Die Dame des Hauses hat sich für ihren offenen Einbauschrank andere Kostbarkeiten gewünscht. Seltene Porzellanteller von verschiedenen Manufakturen, Münzsammlungen und wertvolle alte Parfumflakons wiegen sie in einen beruhigten Schlaf. →

OASE

← Länge um Länge zu ziehen in diesem prächtigen Hallenbad hält nicht nur Muskeln fit und Haut geschmeidig – auch die Geschmacksnerven profitieren. Der Clou daran ist, dass der Architekt des Hauses, Paul Richter, durch den gläsernen Vorbau die Natur ins Spa holt. Durch die Lackdecke im Vordergrund spiegelt sich der Effekt sanft wider. Sport ist Mord? – Hier sicher nicht!

↑ Großzügigkeit kostet meist etwas, macht sich aber oft bezahlt! Wie hier. Nachdem in dieser Stadtvilla viele Wände fielen, saßen Bauherrschaft und Architekt viele Stunden über den Plänen. Eine der wichtigsten Fragen war: Wie viel Raum lassen wir den Räumen? Schließlich entschied man sich für moderate Schlafgemächer und größere Badezimmer. Dieses hat sich zwar dem gängigen beige-weißen Trend angeschlossen, beweist aber durch seine fast schwarz gebeizten Holzelemente Charakter.

↑ Dusche mit Aussicht. Und Einsicht! Wer sich hier wäscht, braucht möglicherweise einen kleinen Hang zum Exhibitionismus. Der Architekt hatte ebenso wie die Erbauer dieses Hauses aber einen noch größeren Hang zu loftartigen Konstruktionen. Dafür werden die Bewohner täglich mit Weite und Helligkeit belohnt.

Dieses Pool hat es in sich. Nicht nur, was die unglaublichen Farbeffekte der mit LED-Licht von XAL beleuchteten Reliefwand angeht. Wenn es Temperatur und Wetter erlauben, lassen sich die Portale verschieben und die Natur in den dahinter gelegenen Wohnbereich hereinholen. →

← Das Lieblingsmotiv der Dame des Hauses? – Kirschblüten! Um diesen Vorhang zu finden, umrundete sie die halbe Welt. Sehr viel Aufwand für die Dekoration eines Guest-Bathroom! Aber darin zeigt sich ja bekanntlich die Qualität eines Hauses.

↙ Zeitlose Eleganz und luxuriöse Opulenz schließen einander nicht aus! Das sieht man bei diesem Bad. Hier gibt es jede Menge italienischen Giallo-Marmor, Weltkarten aus dem 18. Jahrhundert in Tapetenform von Pierre Frey und Handtücher aus Paris mit klassischem Efeumuster. Und jede Menge verspiegelte Flächen, die der Hausfrau täglich aufs Neue beweisen, wer die Schönste im ganzen Land ist …

Verführung in Pastell. Farbe und Form laden ein, in diesem Raum ein wenig länger zu verweilen, als vonnöten wäre. Orangefarbener Onyx ruht auf hellgrünem Rauchglas. Das Glasbecken schwebt über beidem. Die liebevolle Dekoration der Villenbesitzer wollen wir natürlich nicht unerwähnt lassen. →

↑ Der Entwurf für die dunkle Waschrinne aus Corian stammt aus dem Atelier des Architekten Helmut Friedrich und garantiert ruhige Waschrituale sowie viel Platz. Die Armaturen sind von Dornbracht.

Eine Badewanne, die einen großzügigen Stadtblick gewährt – das kann als Luxus bezeichnet werden. Die hinterleuchtete Mosaik-Dekorwand tut sich mit dieser Konkurrenz etwas schwer. →

↑ Das Bad gewährleistet Unendlichkeit, nicht nur was die Anordnung der Spiegel betrifft. Auch das Platzangebot kann sich sehen lassen. Die Raffinesse liegt hier in der vorderen, unscheinbaren Holzfläche, die Tausende von Schönheitsmittelchen und -wässerchen verbirgt.
← Eine grazile Frauenstatuette aus Bronze wiegt sich sanft auf einem Marmorsockel. Die Hausfrau brachte sie von einer schönen, lange vergangenen Reise mit und freut sich täglich darüber, diese Mühsal auf sich genommen zu haben.

↑ Ein neues Bad in einem alten Palais. Zu diesem Zweck wurde ein schmuckloser Nebenraum umgebaut, in seiner Höhe wesentlich verringert und mit vielen hellen, großformatigen Marmorplatten ausgelegt. Nun erstrahlt er in neuem Glanz.

Der Hausherr wollte sich nicht der Doktrin gängiger Badezimmer-Möblierung unterwerfen und setzte sich selbst an den Zeichentisch. Er entwarf mithilfe eines Architekten seine eigene Nasszelle, die er in seiner Lieblingsfarbe Türkis mit „Stucco Lustro"-Technik veredeln ließ. Wanne und Waschbecken? Die sind von Phillippe Starck. →

←← Die Hausfrau stellte sich den Sirenengesängen der sterilen Moderne taub. Sie scheute keine Mühen, Kosten und Gedanken, um ihre Individualität zu beweisen. Selbst im kleinsten Detail. Die Armaturen ließ sie eigens vernickeln.
← Dieser Spiegel hält seinem Besitzer täglich vor Augen, dass es nicht unbedingt notwendig ist, für originelle Dinge viel Geld zu verschwenden. Er wurde in einem Warenhaus erstanden.

GARTEN

Wer bedankt sich hier wofür? Die pinkfarbenen Rosen bei den farbenfrohen Polstern für die Widerspiegelung ihrer Farbe, oder umgekehrt. Wie auch immer: Auf einer Terrasse leben zu können, das hat schon was! → Grüne Idylle inmitten der Stadt. Gräser, Schilfe, allerlei Sträucher und Buchsbäume säumen die Umrahmung der Terrasse, die garten- sowie kellerseitig begehbar und wunderbar geschützt ist. Die Gartenmöbel sind von Garpa. ↘

← Zwei Monster, die sich mögen: Die zwei Meter hohe Skulptur „Otfried 2" des österreichischen Ausnahmekünstlers Alfred Hrdlicka überragt in diesem alten, wuchernden Stadtgarten so manchen Baum, der Spine Chair von André Dubreuil fürchtet sich nicht vor dieser mannhaften Konkurrenz.

← „Kitsch ist nicht Kitsch, solange es mir gefällt", lautet die Überzeugung des in Möbelkunde äußerst bewanderten, kunstsinnigen Besitzers dieses Weiden-Kindersessels, der aus der Zeit um 1880 stammt und auf einem Wiener Flohmarkt gefunden wurde. Wir wären gar nicht auf die Idee gekommen, ihn auch nur in die Nähe von Kitsch zu rücken! ↙ Täglich neu und mit viel Zartsinn dekoriert wird dieser Einstieg zu einer kleinen Wanne auf einer Dachterrasse, die gerade genug Platz für Zwei bietet, um bei Schönwetter im Freien zu Plantschen. Einziger Nachteil: Kommt ein unerwarteter Guss von oben, sind die Polster hin …

„Chillen" in der Stadtoase und dem Tumult entfliehen. Die riesigen halbrunden Sonnensofas bieten jede Menge Platz, man kann sich auch schön zusammenkuscheln. Es ist nicht nur eine Frage der Formalität, sie beim Nobelhersteller Dedon zu ordern. →

← Die Nacht im Freien verbringen – war das nicht unser aller Kindheitstraum? Hier, inmitten der Stadt, kann er wahr werden. Das Daybed entwarf Andrea Frank und obwohl es hier so schön aufgeräumt daherkommt, wird es doch benützt.

↖ Hier kann getrost auch bei Regen getratscht werden. Das Vordach zum Haus schützt bei Sonne vor ebendieser und bei Schlechtwetter vor dem Nasswerden. Die Gartensessel sind aus grauem Korbgeflecht, das Silbertablett ist ein Mitbringsel aus Marrakesch.

↑ Private Viewing – auf die Stadt. Der Park ist ein verwunschener Ort. Verschlungene Kieswege, riesige Sträucher und uralte Bäume beschützen die historistischen Knaben aus Stein, die sich hier ein kleines Gefecht liefern. Das Beste daran: Alles befindet sich auf einem Hügel, dem die Stadt zu Füßen liegt.

LANDLUFT

„Typisch österreichisch“ – das bedeutet „beherzt“. Es ist eine Seilschaft aus Witz und Charme, Esprit und Gemütlichkeit, Tradition und Trend. Dem Exquisiten nie abgeneigt, Romantik immer im Augenwinkel, hat die Leidenschaft für den guten Blick die Führung übernommen.

— **„WENN DER BERG NICHT ZUM PROPHETEN KOMMT,** muss der Prophet zum Berg gehen", besagt ein Sprichwort. Die Autorin übernahm gerne die Rolle des Propheten – und fand „am Berg" so allerlei, was die Reise wert war: Hingabe zum Leben auf dem Lande, Liebe zum Berg und ein Herz für die Natur – diese Begeisterung spiegelt sich in den ländlichen Wohnwelten wider.

Man muss kein Schwärmer sein, um in Robert Musils Satz „am Land kommen die Götter noch zu den Menschen" einzustimmen! – Ja, die Gegenden Österreichs sind tatsächlich gottvoll. Ihre vielfältigen Gesichter laden ein, sich daran zu erbauen. Ein Zweitwohnsitz am Land oder in Bergesnähe ist ein „Must". Landflucht – anders interpretiert! Der Semmering, Kitzbühel, das Salzkammergut oder Kärnten stehen hoch im Kurs. Desgleichen der Ehrgeiz, dort eine persönliche Lebensbühne zu schaffen. Vier Wände, in denen es sich, von schönen Dingen umgeben, herrlich kuscheln lässt!

Lassen wir die Kirche im Dorf! Eine nennenswerte Landesgröße bietet Österreich nicht, mit einer respektabel breiten Topographie darf es sich aber brüsten. Im Osten ermuntert die pannonische Tiefebene zu Reit- und Radwanderungen. Die Alpen und deren Ausläufer schmücken fast alle Bundesländer. Schaurig-schöne Gebirgsmassive, wilde Tälern und reißende Bäche, Wälder und Gipfelkreuze. Dazwischen liebliche Wald- und Hügellandschaften wie das Alpenvorland, das Most- und Weinviertel oder die Südsteiermark – die „Toskana Österreichs" genannt. Versteckt im Landesinneren, lässt das Salzkammergut Herzen höher schlagen; über die klimatischen zwei Gesichter dieser Region wird hinweggesehen. Im Süden die bereits mediterran geprägte Fülle traumhafter Seen und mächtiger Bergketten – Kärnten!

Dem unberechenbaren Minenspiel der Natur und der Launenhaftigkeit des Klimas mit Gleichmut begegnend, erklimmen die Bewohner des Landes Höhen gestalterischer Gestik. Im Visier immer „Stil". „Auf der Alm gibt's ka Sünd"? – Ja, im wohnlichen Sinne stimmt das tatsächlich! „Typisch österreichisch" – das bedeutet „beherzt". Es ist eine Seilschaft aus Witz und Charme, Esprit und Gemütlichkeit, Tradition und Trend. Dem Exquisiten nie abgeneigt, Romantik immer im Augenwinkel, hat die Leidenschaft für den guten Blick die Führung übernommen. So breit die Bergketten der Alpen, so breit die Skala der Interpretationen stilsicherer „Bergfexe" zum Thema Einrichtung.

Da findet sich das rustikale Haus im Jagdstil aus uralten Balken, Tram und Bauerntüren, das von künstlerischer Hand grob gemauert wurde – und nun wie ein Gemäuer mittelalterlichen Ursprungs anmutet. Eine Einzigartigkeit, in der seit vierzig Jahren die Uhren in Sachen Ausstattung so gut wie stillstehen. Ferienidylle pur, versehen mit aristokratischem Touch.

Behutsam vorangetrieben wurde die Zeit bei einer Jahrhundertwendevilla. Mit der Öffnung verschachtelter Zimmer schufen deren Besitzer Großzügigkeit und Helligkeit, um ihren Sammlungen, die sie auf Flohmärkten und bei Trödlern erstanden, wie auch ihrem exquisiten Stilgefühl Raum zu bieten.

Neu gebaut, aber mit alten Böden, Decken und Türen versehen, wurde ein Chalet österreichischer Art. Leder- wie Stoffgarnituren in Erd- und Tonfarben, Accessoires aus aller Herren Länder, Biedermeierkommoden und vieles „von Kuh, Kalb und Artgenossen" gehen darin eine Symbiose aus Glamour und Behaglichkeit ein.

Einem renovierten Jagdschlösschen ließ der neue Eigentümer die wohlverdiente Patina. Mit modernen Gemälden, einer Trophäensammlung und großzügig dimensionierter Möblierung wurde der ländlichen Klassik ihre Klasse wiedergegeben. Alte Täfelungen, Böden und Treppen, Kachelöfen und Kamine wurden sorgsam restauriert.

Viel Holz in der Hütte hat ein Haus, in dem Country-Flair mit futuristischen Elementen gemixt wird. In einem hochherrschaftlichen Landsitz findet sich dagegen viel Rokoko, kombiniert mit selbstgestaltetem Design und Gemälden des Postexpressionismus.

Ländliche Sittlichkeit sieht anders aus! Wenn die Bergheimat ruft und das Landleben ertönt, antworten seine Bewohner mit vielerlei gestalterischen Stimmen. Tenor aller ist „My home is my castle". Diese Privaträume sind authentisch. Die Objekte, Accessoires und Möbel wurden gesammelt, geerbt, gelebt, gekauft und teils auch erfunden. Immer mit dem gewissen Konzept und gezielter Strategie im Hinterkopf. „Wald- und Wiesendekor" ist jetzt und hier eindeutig Schnee von gestern!

ENTRÉE

Ein Schloss in Tirol – es wurde von Grund auf renoviert und kaum ein Stein blieb auf dem anderen. Dies, dank der einschlägigen Ausbildung seiner Besitzerin. Dennoch gelang dieses Unterfangen mit Herz. Aber wie wird sie diese vielen Räume und Quadratmeter Herr beziehungsweise Dame? „Man kann ein altes Schloss nicht besitzen, es besitzt eher dich", sagt ein belgischer Schlossbesitzer. Ob sie ihm wohl recht gibt? Dieses Entrée konnte bleiben wie es war, die Täfelungen wurden freilich einer sanften Restaurierung unterzogen. →

← Das wird ja immer bunter! Zwei Retro-Fauteuils haben sich der Mode unterworfen und einmal Rot mit Grün und das andere Mal Grün und Rot übergeworfen. Die Barockkommode ist dem gusseisernen Reiter, der gerade sein scheues Pferd zu bändigen versucht, eine sichere Lounge. Der stolze 14-Ender an der gelben Wand verrät, dass hier nicht nur Pferde-, sondern auch Jagdliebhaber ihr Zuhause haben.

↑↑ Landbewohner brauchen gute Garderobe – in beiderlei Hinsicht. Genügend Platz für Barbour & Co bietet diese hier, mit geschnitzten Figuren an den Querleisten und handbemalten Fliesen an der Rückwand.

↑ Ein Sammelsurium an Krickeln, Werkzeug und sonstigem Allerlei beherbergt diese grüne Wandetagere, die kurzerhand zum Wunderschrank umfunktioniert wurde. Auch Mäntel, Jacken und Schals würden sich hier gut machen. Aber nein: Da zeigt man dem Klischee frech die lange Nase!

↗ Ein stummer Diener, der viel zu sagen hat. Diese schlicht geschwungene, freistehende Garderobe stammt aus der Werkstatt von Lukas Praun. Sie bietet Platz für vieles und mehr und ist praktischer als sie im ersten Moment aussieht. Feinstes Birnenholz adelt sie.

Dirndlidylle! Der Bauernschrank stammt wie die Wanduhr und der Biedermeiersessel aus dem Familienfundus. Die einzige Neuerwerbung – kaum zu glauben – ist das Dirndl aus dem Salzburger Atelier von Gexi Tostmann, der österreichischen Dirndl-Grand Dame. Warum alle ihre Trachten so sehr lieben? – Sehen sie doch selbst! „Weniger ist mehr" scheint ein zeitloses Prinzip zu sein. →

← Überschüttet von Eindrücken! Über dem schlichten Biedermeierkästchen mit Laden, das von einem oberösterreichischen Antiquitätenhändler stammt, hängt ein schwarzes Schüttbild von Hermann Nitsch. Dort hat sich die Silberdosensammlung der Hausfrau ein Plätzchen gesucht. Den weiblichen Torso hat eine Freundin des Hauses, Monika Strangfeld, beigesteuert. Der Parkettboden wurde nachträglich verlegt – er ist original und stammt aus einem Schloss. Ihn zu finden kostete den Besitzer Zeit und Geduld. Auch hier erwies sich Oberösterreich als gute Adresse.

↑ Liefern sich hier System und Zufall ein Match? Die zwei Lederfauteuils vom Trödler wurden laut Hausfrau „nur sehr rudimentär präsentierfähig aufgefrischt", können aber mit schöner Patina punkten. Die Bilder darüber schuf Ysabel Bayern und nennen sich „Arabeske" aus 1990. Die Bauerntruhe aus Rumänien, die aus alten Materialen zusammengebaut wurde, erdet die Komposition. Der „Heilige Florian" wurde „angeblich aus einer Kärntner Kirche, nachdem sie abgebrannt war, entfernt – oder wohl gestohlen", erzählt seine Besitzerin augenzwinkernd.

„Skifoahrn!" – Ja, das ist hier die Devise. Die kunstvoll bestickten Polsterbezüge mit den Sportmotiven stammen von der Hand einer Kitzbühler Stickerin. Begnadet, wer über die Tugend der unerschöpflichen Geduld verfügt. →

↑ Diese Bauernkommode kann getrost als ausgefallen bezeichnet werden. Sie kokettiert völlig ungeniert mit allen möglichen Blautönen und vielen geschwungenen Linien – höchst erfolgreich! Sie ist ein absoluter Blickfang. Um von ihr nicht allzu sehr abzulenken, blieben die beiden Biedermeierbilder absichtlich ungerahmt.

↗ Diese „Hochzeitstruhe" wird bei der Vermählung immer von der Mutter an die Tochter weitergereicht. So kam sie schon in vielen Schlössern und anderen aristokratischen Wohnsitzen herum. Auch die Bilder darüber entstammen einem Adelsgeschlecht: Ysabel Bayern hat sie in Mischtechnik auf Karton angefertigt und schlicht und ergreifend „8 Boxen" genannt. Diese Gegenüberstellung von Alt und Neu ist ein mutiger, perfekt gelungener Mix. Der Teppich ist ein persischer Heriz.

Willkommen und bleib! – Das einladende Entrée verheißt dem Besucher schöne Zeiten. Die josephinische Bank lädt zum Verweilen ein, das Selbstbildnis von Broncia Koller-Pinell gibt Rätsel auf. Wer will sie lösen, angesichts all der Rätsel unseres Lebens? Der Lilien-Parkettboden stammt aus einem Schloss und wurde nachträglich verlegt. →

← Das Stiegenhaus dieser Villa hat schon viele Gäste kommen und gehen gesehen. Ihre Besitzer beließen die Holztäfelung und alles andere wie es war. Nur der Wand wurde ein heller Anstrich verpasst. Auch der lindgrüne Teppichboden ist neu. Er peppt das Ensemble ordentlich auf.

↖ Das großzügige Stiegenhaus des Schlosses ist trotz seiner Helligkeit sonnengelb. Sicher ist sicher, dachten sich die Eigentümer. Dasselbe ausgeklügelte System brachten sie bei der Gestaltung der Etiketten ihrer gutseigenen Weine ein. Neben der Barockuhr hängt das erste österreichische „Künstler-Weinetikett" von Wolfgang Böhm aus 1982 im Original.

↑ Altdeutschem Stil war Schlichtheit ein unbekannter Begriff, wie das Stiegenhaus dieses Landschlössls zeigt. Die gekrönte Dame nimmt sich wie eine Gallionsfigur aus. Dahinter ein Sessel aus dem Rokoko und ein Biedermeiertischchen mit alten Muranogefäßen.

Holzskulptur und Bücherwurm. Auf dem Renaissancetischchen liegt ein Buch mit alten Stichen. Darüber hängt das Bild des Hausherrn mit Hund: ein Werk von Erwin Wurm aus 2008, fotografiert für Hermès. Das viele Holz, kunstvoll von Mutter Natur geformt, stammt aus den eigenen Parkanlagen. Jeder hält es für Skulpturen „made of wood“ eines begnadeten Künstlers. →

← Kein Grund zur Furcht, dies ist ein friedlicher Empfang – trotz der bedrohlich wirkenden alten Gewehre aus Großvaters Sammlung. Doch sie sind zu sehenswert, als dass sie hinter der „Obsttüre“ verschwinden sollten. Hinter ihr befindet sich übrigens die bunte, moderne Gästetoilette. Davor kann man es sich auf dem alten, noch in Michael Thonets Werkstatt gefertigten Lehnstuhl bequem machen.

↑ Wohin mit all den Trophäen? Wenn es keinen anderen Platz mehr gibt, verbannt man sie in den Kellerabgang. Diese Treppe führt aber in einen besonderen Keller – den Weinkeller, in dem es sich der Hausherr gerne mit Gästen gemütlich macht. So können die Geweihe gebührend bewundert werden. Und der Hausherr darf sich seiner Jagderfolge brüsten.

Zwillinge und ein Tanzpaar seltenen Verschnitts. Die rustikale Lampe aus Gusseisen und den tanzenden Figuren stammt noch von den Großeltern. Das macht sie umso origineller, weil es zwei Lampen gibt, die so gehängt wurden, dass sie dem aufmerksamen Besucher ins Auge springen müssen! →

← Des Jägers Objekt der Begierde – abgesehen von Freiwild! Abwurfstangen und eine mit Hasenfell überzogene Sitzfläche. Der Hocker hat es wirklich in sich: two in one. Dazu grüner Teppichboden und Zirbentäfelung – Landflair pur … Waidmannsheil!

Adel ohne Standesdünkel: Das Biedermeier-Nachtkästchen ließ sich eine andere Funktion angedeihen. Selbstbewusst präsentiert sich das Erbstück, das einstmals im Schloss Heiligenkreuz in Böhmen stand, als eine Art Podest und ist der Präsentierteller für eine kleine, feine Sammlung. Das Sarkophagmodell aus Marmor stammt von einer „Grand Tour" Anfang des vorletzten Jahrhunderts nach Italien. →

↑ Hier geht's ganz schön bunt zu! Der Erschaffer dieser alten steirischen Truhe mochte es mit Sicherheit nicht eintönig. Ihre jetzigen Besitzer, aristokratische Weltenbummler, mögen es auch farbenfroh. Deshalb stehen dort nun knallige chinesische Kerzenständer. In der Mitte eine Bronzeminiatur mit französischen Hirschen.

SALON

← Ein Kamin mit Seeblick – wie praktisch! Brennt das Holz, so strahlt er Behaglichkeit aus, brennt es nicht, so gibt er den Blick auf Garten und Wasser frei! Eine Rarität für sich ist auch die wuchtige zweiarmige Couch, bestehend aus einem massiven, rundlich geformten Holzgestell und der wellenförmigen Tapezierung aus schwarzem Rauleder. Nach einem Entwurf des österreichischen Designers und Objektkünstlers Manfred Wakolbinger wurde sie kurzzeitig von der österreichischen Möbelfirma Wittmann produziert und bekam den schönen Namen „Chill-Out Sofa". Die Colon-Figuren am Kamin nahm man aus Afrika mit, nun nehmen sie der Betonwand die Schwere. Und in manchen Momenten auch die Schwere des Lebens, erinnern sie doch an schöne Reisen.

↑ Weiß und viel helles Holz – das funktioniert immer. Auch hier ist es formidabel gelungen: Den Couchen wurde kurzerhand weißes Leinen übergeworfen. Der Couchtisch ist aus alten Baubrettern gefertigt, ebenso wie die Kaminumrahmung und die zwei Beistelltische daneben. Dominiert wird der Raum vom vier Meter breiten Ölbild von Peter Marquant aus Sand, Acryl und Ölfarbe.

↑ Schicker Schuppen! Das Haus wurde zwar neu gebaut, aber aus antikem Holz, das von verschiedenen Abbrüchen stammt und sorgfältig ausgewählt wurde. Das Chalet in den Tiroler Bergen wurde von der Hausfrau höchst persönlich mit erlesenem Geschmack und dicker Brieftasche feingerichtet. Besonders witzig ist der zum Couchtisch umfunktionierte Louis Vuitton-Koffer. Aber auch die Elch-Appliken verdienen Aufmerksamkeit.

Partytime! Ein nutzlos gewordenes Garagengebäude im Schlosshof wurde zur Lounge umfunktioniert. Nun strahlt es Wohnzimmerflair aus und dient den Hausbesitzern bei größeren Ausstellungen oder Einladungen als originelle Party-Location. Lehmboden und Wand bekamen kein neues Kleid, weil abbröckelnder Putz und Lehmrisse einen umwerfenden Charme haben. →

819

↑ Schlichte Anmut, überbordende Ideen: Man unterwarf sich keinem Konzept, sondern bewies kluge Reflexion familiärer Traditionen. Wie viel Charisma alte Mauern und aus dem Schuppen hervorgeholte Möbel verströmen, kann man hier gut sehen. Mystisch ist dieser Ort bei Dunkelheit: Kerzen sonder Zahl und nur ein Kristallluster lassen den riesigen Raum samt seiner Gäste in eine andere Welt eintauchen.

↑ Viel Holz in der Hütte und so einiges von Kuh, Kalb und sonstigem Getier, gemixt mit Samt und anderen schweren Stoffen – das sind die wahren Stil-Könige der Alpen. Die Materialen sind in diesem Chalet in verschiedenen Zusammenstellungen zu finden und sehen dennoch immer wieder anders aus.

↑ Knallgelbe Wand, hellblauer Wolkenplafond, viel Rot, viel Buntes! Hier strahlen die Farben mit der kreativen Hausfrau um die Wette. Das große Gemälde ist von Richard Hirschbäck, die bunten Hocker haben Nostalgiewert: Sie sind in den ehemaligen Farben der österreichischen Schuhladenkette Humanic gehalten und stammen aus den 80er-Jahren.

Da jubelt das Sammlerherz, und das der Schuhfetischisten. Ältere und neuere Stoff-, Leder- und Holzschühchen wurden in liebevoller Ehrfurcht vor dem Handwerk im Laufe eines Lebens zusammengetragen. Ein Glasregal an einer gartenseitigen Fensterfront bietet ihnen einen Laufsteg. Fehlt nur noch der gläserne Schuh! → Sorgfältig bemalte Kuhglockenminiaturen stehen auf dem unbemalten Bauernschrank und zeigen die unterschiedlichsten Motive. Hier Sammlerleidenschaft zu erwähnen wäre eine Plattitüde – es geht um mehr … →→

↑ So richtet sich das Leben ein. Maßvolle Stuckatur am Plafond, viele verschiedene, in den unterschiedlichsten Lebensphasen zusammengetragene Fauteuils und Stühle sowie eine Chesterfield-Garnitur, das ist die österreichische Interpretation des britischen „Red Rooms". Kombiniert wird das Ganze mit einem schlichten Aluminium-Glastisch und der Wärme der Bewohner. Der Barockschrank wird von ihnen liebevoll das „Monster" genannt.

←← Auch hier hat die Leidenschaft des Sammlers gnadenlos zugeschlagen. Die vielen Reh- und Kitzminiaturen wurden in Antiquariaten und auf Flohmärkten gefunden. Es dauerte Jahre, bis die stattliche Anzahl zusammengetragen war.
← Die Keramik-Skifahrer müssen auf weitere Kollegen noch ein wenig warten: „Work in progress!"

↑ Hier knallt's! Ein altes Sofa wurde mit orangefarbener Rohseide bekleidet, es dient eher der Repräsentation denn der Regeneration. Die Wände dieses Schlosses haben die verschiedensten Farben verpasst bekommen und machen einen stets gutgelaunten Eindruck. Das Ölbild ist ein Werk Gottfried Mairwögers, eines Mikl-Schülers. Seidenkissen und Samtpölster teilen sich Boden und Couch.

↑ Da wird nicht gekleckert, da wird geklotzt. Mit Farbe! Die türkis-grüne Ledergarnitur à la Chesterfield hat schon viele Jahre auf den Pölstern und viele Reisen hinter sich. Dass Bilder nicht immer hängen müssen, beweist dieses knallorange Gemälde von Ysabel Bayern aus der 64-teiligen Serie „Heads in East and West" von 2002. Es sieht auf dem mutig roten Spannteppich aus wie beabsichtigt – umwerfend!

← Wie fand Joan Miró in die österreichischen Alpen? Ein weitgereistes Sammlerpaar wollte nicht ohne die beiden Werke sein und hat sie in ihr Feriendomizil übersiedelt. Zwischen den orangefärbigen Lesesesseln und dem grünen Kachelofen fühlen sie sich augenscheinlich wohl.
Empire! – Aus dieser Epoche stammen Kachelofen und Sitzbank. Eine Besonderheit sind die beiden Kunstwerke: Neben dem Familienbild von Johann Nepomuk Höchle hängt die kunsthistorische Beschreibung seines bildnerischen Inhaltes durch Othmar Rychlik, basierend auf einer Idee des oberösterreichischen Künstlers Roman Pfeffer. So korrespondiert Alt mit Neu. ↓

In dem roten Salon des Schlosses gibt es keine freie Ecke und, dank der reichhaltigen Kunstsammlung des Besitzerpaares, auch kaum noch freie Wände. Diese Barockkommode trägt ein Tablett mit goldenen Gefäßen und passt hervorragend zu dem schlichten Blätterdruck, der durch seine Schwarz-Weiß-Ästhetik inspiriert. ↓

Blick in den Weinkeller. Dieser wurde gemauert und lädt mit Tisch und Bank zum gemütlichen Verweilen ein. Hier ging noch niemand nüchtern nach Hause. Die Tür stammt aus einem Schloss und wurde vor der Zerstörung bewahrt. ↘

Durch dieses Haus weht der Hauch der Geschichte. Es stammt aus dem 15., die grün getünchten Fensterläden aus dem 16. Jahrhundert. Durch die mutige Farbwahl – grüne Decke, rosaroter Teppich, bunt gestreifter Lehnstuhl – wurde der Dunkelheit des niedrigen Raumes ein Schnippchen geschlagen. Das Fresko über der Lampe stammt aus der Lombardischen Schule und zeigt die Heilige Katharina. →

MOUNTAIN HOUS

Boden, Wand und Decke dieses Gästehauses sind aus demselben Holz geschnitzt – dessen Besitzer übrigens auch. Das Wandbild stammt von Otto Mühl, die Sitzgarnitur von Jasper Morrison. Bei soviel Prominenz darf gesagt werden, dass die Ledersessel „No Name“-Vintage sind. – Schlimm? → Das Empireschränkchen dient dem sinnlichen Retro-Armchair, dessen Leder die herrliche Patina stilvoller Klassik ausstrahlt, als ebenbürtiges Gegenstück. Der Sessel im Hintergrund mit den holzgedrechselten Beinen wurde mit Zebrafell geschmückt. ↘

← Großwildjagd im Tiroler Chalet. Puma und Löwe grüßen! Dazu passt der braun-beige Leinenbezug mit dem afrikanisch inspirierten Design wirklich gut, ebenso wie der lederne Couchtisch und die schlichten „Salt & Pepper“-Fauteuils. Die Tischlerarbeiten an Wand und Decke stammen aus der Werkstatt eines begabten Kitzbühler Meisters.

↑ Ein Landhaus in Seenähe! – Und schon überfällt uns die Nostalgie. Die Fauteuils wurden mit Hirschleder bezogen, die Hocker mit rustikal-fröhlichem Leinen. Sonst blieb alles wie es war: von der großen Stehuhr über die Lampe bis zur Zinnsammlung auf dem Holzvorsprung. Eine Veränderung der Täfelung war sowieso tabu.

Schloss und Geweih – eine klassische Kombination, allerdings nicht unbedingt in dieser Ausführung. Ein Couchtisch, bestehend aus Abwurfstangen und einer massiven Glasplatte. Geniale Idee und darüber hinaus äußerst tugendhaft: Hier musste kein Tier sein Leben lassen, um den Einrichtungswünschen der Besitzer Genüge zu tun. →

↑ „Fühl dich wie zu Hause!“, scheint die einladende Sitzgarnitur aus rotem Samt zu wispern. An der Wand dahinter: eine verschneite Tiroler Almlandschaft von Maximilian Erler. Darunter – gut gemixt – ein Triptychon, entstanden in einem Kloster. Das Chippendale-Jourtischchen fängt die Kombination sanft auf, so wie die Winterlandschaft vor dem Fenster den erschöpften Städter.

← Ein Spieltischchen, schön und praktisch zugleich! In zugeklapptem Zustand dient es als Schachbrett, aufgeklappt ist es mit grünem Filz überzogen und lädt zum Pokern ein. Es gibt eben so gut wie nichts, was sich im Dorotheum nicht finden lässt.
←← Dieser Beistelltischsatz stammt aus der Thonet-Werkstatt. Er wurde von den Großeltern für ihr Schloss erworben und dann dem Enkel vermacht. Der Kamin dahinter ist aus Baustahl und ein Entwurf des Architekten Paul Richter.

Ein Soldat, der sich trotz des hohen Alters (18. Jahrhundert) seine Fröhlichkeit bewahrt hat, hüpft auf der Kommode herum. Darüber hängt ein Werk des in Venedig lebenden österreichischen Künstlers Eduard Angeli. → Der Bücherschrank ist ein originales Jugendstilstück und wurde im Krieg aus dem großelterlichen Schloss gerettet. ↘

← Die Stehlampe spendet dem Hausherrn bei seinem Klavierspiel Licht, die feinziselierten Wassergläser und die Bowleschüssel sind fast zu schön, um verwendet zu werden. Die Wandbemalungen und der hier nicht sichtbare Kachelofen sind von Erhard Amadeus Dier, die Tapisserien wurden vor langer, langer Zeit in Italien geordert.
↙ Dieser Rehbock hat es fein. Auf dem alten Jogl-Tisch kann er sich vor den Jagdgelüsten der Landbevölkerung sicher fühlen. Er kommt von einem Tiroler Antiquitätenhändler, der sich erst nach langer Feilscherei von ihm trennen wollte.

← Diese Stehlampen haben wirklich Witz! Sie bestehen aus einem uralten Jahrhundertwende-Ski mit Stock und einem mit Kuhfell bezogenen Lampenschirm. Das Beste daran: sie funktionieren. Echte Raritäten.

ESSEN

← Eine ganz besondere Art von Souvenir! Die Kacheln, die diese Küche im wahrsten Sinne des Wortes schmücken, wurden von der begabten Hausherrin selbst bemalt! Als Vorlage dienten Fotos einer persischen Moschee aus dem 5. Jahrhundert. Wie alt der Originalherd ist, wissen wir nicht. Was wir aber wissen, ist dass er einst den gesamten Hof heizte. Nach einer sanften Restaurierung und einer kleinen Ergänzung um ein Heißwasserbecken ist er (fast) wie neu. Auf den Glasregalen dahinter hat eine Kerzenständersammlung ihren Platz gefunden; Pfannen und allerlei Küchenutensilien zeugen von den kulinarischen Ambitionen der Hausleute.

↑ Manchmal mag es das Land gerne modern! So wie hier: Die Nirosta-Küche wird durch den mit ferrarirotem Leder bespannten Kühlschrank akzentuiert. An der Betonwand hängen verschiedene Werke zum Thema Pferd. Richtig geraten: Die Besitzer sind fanatische Reiter, und sie lieben das Grün vor ihrem Fenster, das sich mit dem riesigen Reiterbild einen farblichen Konkurrenzkampf liefert.

Diese Küche wurde zwar neu gebaut und höchsten Anforderungen gerecht – das Holz, aus dem sie geschnitzt ist, entstammt allerdings einer ganz anderen Zeit. Um das gesamte Haus sanft und mit Detailliebe modernisieren zu können, wurde ein ganzer Stadel abgetragen. Nun ruht die Nirosta-Arbeitsplatte auf einem Küchenblock, dessen Eichenholz dreihundert Jahre auf dem Buckel hat. ↓

Der absolute Star dieser Kochlandschaft ist der Herd aus dem Jahre 1820. Er ist vollständig erhalten und noch beheizbar. Um ihn herum durfte der Zeitgeist Einzug halten. Der von der Schlossdame, einer genialen Gastgeberin, gewählte moderne Küchenblock besteht aus schwarzen und grauen Elementen, Glaswänden und Ablagen sowie einem riesigen Dunstabzug. ↘

Das Stahlgrau der Küchenelemente und die kühle Nirosta-Fassade an der Rückwand verstehen sich bestens mit dem hellen Holz von Boden und Decke. Auch die klar strukturierten Deckenleuchten schmiegen sich sanft an die Lerchendecke. Das Zebragemälde verrät die Afrika-Affinität des Hausherrn, der selbst gerne den Kochlöffel schwingt und seine Gäste mit ausgefallenen Kreationen verwöhnt. →

← Die „Einbauküche" stammt aus dem Jahre 1925. Ihr halten ihre Besitzer eisern die Treue, ist sie doch ein wahres Juwel. Unter anderem beherbergt sie in Glasgefäßen allerlei Gewürze. Auf dem Jogltisch, um den verschiedene Bauernstühle gruppiert wurden, stehen zwei alte Zinngefäße für Salz und Zucker. Auf dem Fensterbrett findet sich allerlei Tönernes aus dem Mittelalter, das auf dem riesengroßen Grundstück, welches einst einer Kultstätte Platz bot, von der Erde preisgegeben wurde.

Rustikal und rüstig. Das eine schließt das andere nicht aus! Ein italienisches Keramikwaschbecken hellt die neu angefertigte, in gnadenlosem Landhausstil gehaltene Küche auf und setzt einen dramatischen Akzent zu dem vielen Holz. Dank der vielen Blumen verwandelt sich die Spüle in eine gar nicht kühle… ↙

„Das ist mein Reich", sagt die Hausfrau und gute Köchin beim Betreten dieser Küche und lächelt. Der alte Ziegelboden wurde nachträglich in dieses Tiroler Landhaus eingebaut. So auch die Bauernküche mit ihrem dachförmigen Dunstabzug. Der Bauerntisch in der Mitte ist Ablage und Arbeitsfläche zugleich und kommt ganz uneitel vom Trödler. ↓

← Gugelhupfformen zieren die Wand, der Ofen ist wie er immer war und in der Nische finden sich Kochbücher. Doch vor allem so allerlei von der Mutter geerbtes, das schon seit Jahren seinen Stammplatz hat. Entzückendes Puppengeschirr aus Porzellan, eine Mörsersammlung, eine alte Waage mit Messinggewichten … „Ich kann einfach nichts wegwerfen", sagt die Besitzerin seufzend. Schön Anzusehen ist es dennoch!
↙ Mut kann man nicht kaufen, Kreativität aber auch nicht. In das alte Gewölbe des Bauernhofes wurde eine funktionelle, moderne Küche eingebaut, die, wegen Bauernschrank und -tisch, nur beim ersten Hinsehen „alt" wirkt. Die karierten und geblümten Stoffe an Bank, Sessel und Fenster helfen dem Eindruck der Gediegenheit nach.

Ziegelboden mit dem k. k. Doppeladler, grob verputzte Wände, Holz mit vielen Jahresringen. Samt und sonders Zutaten, die den Eindruck eines nahezu antiken Interieurs vermitteln. Und doch ist dieses Ensemble keine 50 Jahre alt. Der mittlerweile verstorbene Erbauer dieser urigen Almhütte hat in mühevoller Kleinarbeit die seinen Vorstellungen entsprechenden Materialen zusammengesucht und schließlich selbst zusammengebaut. →

← Der alte Jogltisch und die Bauernbank wurden nachträglich dunkel gebeizt und mit Lederstühlen von Poltrona Frau kombiniert. Der Kristallluster stammt aus einem Palais und die Bilder an der Wand auch aus guter Hand: Rainer, Attersee und Staudachers aus verschiedenen Schaffensperioden. Die kleineren Bilder sind Weihnachtskarten, die Hans Staudacher und Frau an die Besitzer schickten. Sie wurden sorgfältig gesammelt und liebevoll gerahmt.

Wo einst gebetet wurde, wird jetzt gespeist – der liebe Gott verzeih's! Die ehemalige Kapelle, um 1450 erbaut, dient nun ganz profanen Zwecken. Den Gästen gefällt's! Fühlen sie sich doch in der kontrastreichen Spannung zwischen Gewölbe, dem wandfüllenden Schüttbild von Hermann Nitsch und den alten Holztramen an der Decke immer wohl. Hier Geselligkeit zu verbreiten ist wahrlich keine Kunst. ↓

← Teamwork: Zuerst wurde dieses Haus ausgehöhlt. Dann machte sich der Hausherr auf die Socken, um passende Böden und Deckentäfelung zu finden. Schließlich wählte die auf guten Geschmack spezialisierte Hausherrin Sessel, Tisch, Lampen und Stoffe aus. Fertig war der stilsichere Mix!

↙ An den Wänden durften sich die prominenten Freunde der Hausbesitzer, Hubert Schmalix und Franz Graf austoben. Die Sessel sind von Charles Eames. Die kupferne Skulptur ist eigentlich ein Stiegengeländer und stammt aus dem Atelier des österreichischen Objektkünstlers Manfred Wakolbinger.

Eine fürstliche Tafel. Allein das Speisezimmer hat 70 Quadratmeter. Um den Esstisch gruppieren sich 16 Biedermeiersessel, die mit Seidenstoff aus Vietnam bezogen sind. Die Wandfarbe, die sich nicht zwischen Orange und Terrakotta entscheiden kann, frischt das Ensemble sonnig auf. Den Tisch – üppige Gelage sind hier eine Pflichtübung – ziert allerlei altes Familiensilber. ↗ Einst nutzloser Schlosstrakt, dient dieser Speiseplatz der Familie nun als heimeliges Refugium. Wandelemente, Fliesen und Tische stammen noch aus 1820. Weiße Sesselhussen und Vorhänge geben der Kombination zeitlosen Schick, Silber- und Zinnkandelaber sorgen für geschichtsträchtige Behaglichkeit. →

Landhaus mit Stadteinschlag, doch den Mao-Druck von Andy Warhol lässt dies kalt – er ist offensichtlich nicht interessiert. Das kräftige Blau der Sitzbezüge verleiht den Sesseln Charakter, auch wenn die Hausfrau dazu meint: „Geerbt, nichts besonderes!“ – Gerade deswegen sind sie doch besonders, halten wir dagegen! →

← Ach, Herrgott! In diesem Winkel wird Jesus Christus, wenn der Biedermeierluster an ist, tatsächlich von einem Heiligenschein gekrönt. Das nennt man gekonnte Inszenierung! Auch sonst strahlt diese Sitzecke Perfektion in Form und Farbe aus. Eine Besonderheit ist die Holzdecke mit den grünen Elementen.

Gute Tischler hat das Land! Das beweist diese Decke hier. Das Land hat aber auch gute Leinenweber, wie die Sesselbezüge unschwer erkennen lassen. Alles Tiroler Handarbeit; die ausgefallenen Wand- und Deckenlampen sind im Gegensatz dazu weitgereist – sie kommen aus New York. ↓

Ein Tiroler Haus ohne Stube – absolut undenkbar! Hier versammelt man sich gerne. Speck, Käse und herrliches Bauernbrot sind allerdings unverzichtbare Accessoires. Rinnt einem da nicht das Wasser im Mund zusammen? Wozu braucht man sonst einen Jogltisch, Bauernstühle … das alles in einer Holzmansarde, die es uns warm ums Herz werden lässt. ↘

Langeweile ist hier ein Fremdwort. Allein das Ambiente und die Konstruktion des Raumes bieten Gesprächsstoff für Stunden. Einstmals als Garderobe geplant, dann als Abstellkammer benutzt, gaben die Besitzer diesen langgezogenen 30 Quadratmetern eine neue Identität: grüne Wände, ein Tisch mit Steinplatten, Geweihe und Krickeln an der Wand – schon war der Bogen zum fabelhaften Speisezimmer gespannt. Das zart gerahmte Ölbild und die Wildminiaturen aus Bronze erzählen ihre eigenen Geschichten. Die geniale Idee dazu hatte der Architekt Markus Spiegelfeld. →

RÜCKZUG

← Lesen, Entspannen, das Feuer im Kamin knistern hören – die Bibliothek, die einst ein unwirtlicher Dachboden war, ist heute erklärter Lieblingsort der sechsköpfigen Familie. Selbst die Teenager wissen das Flair dieses Raumes zu schätzen. Da kann es manchmal zu Platzproblemen kommen. Im Hintergrund eine Thonet-Tischgarnitur und eine chinesische Stehlampe mit Jugendstilschirm.

↑ Ein 1912 erbautes Landhaus am Wiener Hausberg mit den typischen Wandtäfelungen. In den mit Marmor ausgekleideten Nischen stehen zwei chinesische Vasen. Auch hier wurde gebührend gemixt. In diesem „Bauernzimmer“ ist alles altdeutsch, die Armlehnstühle haben ihre Ursprünge in der Renaissance und das Tischchen dazwischen ist Gründerzeit.

Nostalgie pur! Fotos, die von lange vergangenen Zeiten erzählen. Mamas Portrait als 20-Jährige, Papa beim Bergsteigen mit Freunden und als Kind mit seinen Geschwistern. → Ein üppig verziertes, marokkanisches Tischchen, mitgebracht von einer denkwürdigen Reise, und eine Tierklaue aus Bronze, deren Nutzen wir noch nicht ganz durchschaut haben. ↘

← Die wahren Aristokraten des Mixens sind jene, die vor Stilbrüchen keine Angst haben – wie hier! Der mit Leder bezogene Biedermeier-Stuhl steht zur Rainer-Übermalung darüber in keinem Kontrast. ↙ Das Biedermeiertischchen beherbergt eine einzigartige Sammlung und man muss einen guten Blick haben, um ihrer gewahr zu werden: Den doppelten Boden zieren Reisefotos des Hausherrn. Wir staunen, wo er sich schon überall herumgetrieben hat!

Leselust. In einem derartigen Ambiente verständlich. Der Ledersessel ist ein Pracht- und Lieblingsstück, das verrät seine Patina. Die Sonne blinzelt fröhlich durch die Fenster des alten Gemäuers. Die Objekte auf der Fensterbank, am Boden und im Holzregal dahinter kommen aus dem Atelier des Künstlers Alfred Hoyos – spiralförmig gewundene Kupferrohre von 2002. →

PRADO
ALBRECHT DÜRER
ITALIAN FRESCOES
THE EARLY RENAISSANCE
DIE ETRUSKER
GOTIK
GERHARD RICHTER
Edvard Munch
Jean Dubuffet
RAOUL DUFY
out of actions

← Die italienischen Tapisserien und die Wölbungen der großen Fensternischen des Schlösschens aus der Jahrhundertwende dienen dem Storch aus Bronze, der von einem Freund des Hauses geschaffen wurde, als würdige Bühne. Hier kann er seinen ganzen Glanz zum Ausdruck bringen. Die Chaiselongue dient mehr der sinnlichen Erbauung denn der körperlichen Erholung.

← Das josephinische Bänkchen mit dem weißen Ziegenfell im hellen Erker ist hübsch anzusehen! Aber lässt sich darauf auch bequem sitzen? Egal – eine edle Ablage ist es allemal. Und eine schöne Liebesgeschichte: Man beachte die harmonische Wirkung des schlichten rot-weiß gestreiften Vorhangs, des blütenweißen Stores und der Leichtigkeit des filigranen Möbelstückes.

← Feudale Träume sind hier garantiert. Kein Wunder bei einem Schlafgemach wie diesem hier. Bett und Kommode sind Louis XV.-Möbel, der Kachelofen ist Empire, und die Seidentapeten? – Sie kommen ebenfalls aus der Grande Nation.

↙ Ein Keller, der sich sehen lassen kann! Vor allem bei den Gästen des Hauses. Spa-Bereich und Schlafzimmer sind hier ideal untergebracht. Dieses Schlafzimmer ist eines von dreien. Das Betthaupt ist mit violettem Samt überzogen, die helle Wand bekam eine Tapete mit Felloptik verpasst. Kuschelig!

Hier ist die Zeit stehengeblieben. Der Kristallluster, die Nachtkästchen mit den alten Stehlampen, die Heilige Mutter Gottes in dem schaurig-schönen italienischen Bilderrahmen, das Bett und sogar die Bettdecke – alles ist, wie es schon vor 80 Jahren war. Einzig ein Maler war willkommen, der das Zimmer blau tünchte. Die Stühle vor dem Bett durften sich über neue Bezüge freuen. →

← Mit sehr viel Herzenswärme wurde dieses Holzmansardenzimmerchen von einem einheimischen Tischler auf die wenigen Quadratmeter, die dafür zur Verfügung standen, angemessen. Allein, mit wie viel Akribie er sich über den Heizungs-Verbau hermachte, lässt uns staunen.

Exotik und Erotik. In diesem Zimmer findet sich beides. Die Bilder afrikanischer Herdentiere und die schweren Metall-Nachtkästchen sorgen für Ersteres, die teure Felldecke und das warme Holz für Letzteres. Errötet da jemand? ↓

„Take a Chill-Pill" zu raten, ist hier nicht vonnöten! Sanfte Altrosatöne, kombiniert mit feinem Beige, viel Weiß und etwas Holz, dazu die gesunde Landluft: Hier schläft es sich einfach gut – und schon sind die Alltagssorgen vergessen. → Wann immer der Hausherr sein Landschlösschen betritt, weiß er, dass sich sein Vorhaben „I will relax" erfüllen wird. Vor allem in diesem Zimmer aus Zirbenholz mit dem kunstvollen Bett bleibt der Wunsch nicht mehr Vater des Gedankens. ↘

← „Schlaf gut und träume süß", muss hier, angesichts der einladenden Einrichtung des alten Gewölbes, gar nicht gewünscht werden. Die zwei Biedermeierbetten und die Stoffdrapierung sorgen ohnehin dafür. Und die Figur in voller Weiblichkeit im Blütenbett von Hadwig Schubert trägt das ihre dazu bei.

Ein Kauf vom Flohmarkt – das Nachtkasterl war fast geschenkt. Die Malerei einer Freundin, die damit beauftragt wurde, dem Stück einen „Shabby Chic“ zu verpassen, war die Investition wert. → Der Bauernschrank ist original und aus dem schönen Zillertal. Herzig dazu der rot karierte Stuhl mit dem bestickten Polster. ↘

← Was wird aus einem Traumgeschöpf – entledigt aller Projektion? Zumeist eine matte Sache. Das sollte hier nicht passieren. Ein Biedermeierstuhl mit einer Empirekommode, darüber zwei Neuankäufe aus einer Salzburger Galerie. Fertig war der gute Stil-Cocktail!

↙ Die Antithese zum herkömmlichen Barockschrank! Der original bemalte Bauernschrank ist von 1776, in den Türfüllungen sieht man verschiedene Heiligendarstellungen und Blumenvasen. An den Lisenen gibt es geschnitzte Barockvoluten. Das Haupt ist dem Stil entsprechend typisch geschwungen. Hier darf gestaunt werden.

← Da kommen Kindheitserinnerungen auf. Hier wurde in den letzten 40 Jahren absolut nichts verändert – sogar die Vorhänge stammen noch aus dieser Zeit. Nur bei der Bettdecke ließ man sich erweichen. Aufgelockert wird das vergilbte Ensemble durch Aktzeichnungen neueren Datums, deren Wert durch die günstige Rahmung nicht verringert wird. Geschaffen wurden diese von Franz Bueb, eine zeigt sogar Jacky Kennedy.

OASE

Dies ist ein „Weinkellerklo“ und hier wurde hemmungslos gemixt. Ziegelgemauerter Waschtisch mit Glasplatte, marokkanische Lampe, ein Säulenstumpf als Seifenhalter, Dornbracht-Armatur und gegenüber, wie man im Spiegel sieht: eine Wand, die vollständig verkupfert wurde. →

← Das nennt man Luxus. Ein eigenes Spa-Haus hat nicht jedermann. Hier gibt es außer dem Swimmingpool auch eine Sauna, ein Dampfbad, einen Fitnessraum sowie einen Massagetisch von Gucci. Die großformatige Blütenskulptur wurde einem italienischen Künstler abgekauft.

Missbraucht? Aber wo – gut gelungen. Den Altwarenhändler traf zwar kurz der Schlag, als der findige Hausherr erklärte, er wolle die barocke Konsole zum Waschtisch umfunktionieren. Der gute Mann hat den Schock überlebt. Nun freut sich der „Daniel Düsentrieb“ aus Kitz über sein äußerst gelungenes Badezimmer. Rechts und links wurden alte Eisenappliken mit buntem Glasbehang angebracht. In der Mitte des Raumes hängt ein italienischer Eisenluster mit Blumen und Blättern. ↓

Überraschung! – Ja, das ist ein Weinfass, und nein, hier lagert kein Wein! Dies ist tatsächlich eine Toilette und vor allem eine Superidee! Die Fasshälfte wurde mit modernster Technik ausgestattet und sollte der Gesellschaft irgendwann der Gesprächsstoff ausgehen – über dieses stille Örtchen lässt sich plaudern ... ↘

Welch Luxus – kein Nachbar weit und breit! Bad mit Blick auf Rasen, Garten und Schotterteich. Hier lässt es sich genüsslich – innerhalb und außerhalb des Hauses – der Freikörperkultur frönen. Waschbecken und Wanne sind von Cappellini. Die Wandverkleidung und der Waschtisch sind aus Eichenholz. Das Ladenkästchen ist nicht nur schön – natürlich ist es auch praktisch. →

← Wie ein Freiluftbad fühlt sich hier das Reinemachen an und ist dennoch keine kühle Sache. Dank des vielen Holzes und des beigen Seidenvorhangs. Der Witz an der Sache ist der gezimmerte Handtuchhalter, der eher an eine Leiter erinnert.

↑ Wo sind wir hier gelandet? Auf einem anderen Planeten oder am Meeresgrund? – Erraten! Dies ist ein besonders origineller Waschraum. Die bunten Unterwasserbilder, die die ganze Pracht einer intakten Meereswelt zeigen, sind Werke des österreichischen Künstlers Manfred Wakolbinger. Wo ist der Tauchanzug? Das wollen wir in natura sehen!

↑ Dieses Badezimmer einfach als Badezimmer zu bezeichnen, wäre ein Sakrileg! Es ist ein wahres Schatzkästchen. Gespickt mit Empire-Kachelofen, alter Körperwaage, viel Marmor bei Wanne und Becken und einer gemütlichen Sitzgarnitur.

GARTEN

← Joseph Kornhäusel lässt grüßen. Dieses „Biedermeier-Salettl" unweit der Donau wurde von dem Architekten höchstpersönlich konzipiert, die kunstsinnige Hausfrau hat es erst unlängst renovieren lassen. Sie wählte absichtlich strenges Weiß für Wand und Boden, um der originalen zarten Deckenmalerei keinerlei Konkurrenz erwachsen zu lassen. Kanapee, Sessel, Tisch und alle anderen Möbel stammen ebenfalls aus dem Biedermeier.

← Ein Lusthaus am Berg. Auf Sitzmöbel wird verzichtet – hier genügen Pölster, um es sich gemütlich zu machen. Der „Tee-Pavillon" wurde 1920 erbaut, die Ausnehmung extra dem Barockofen angepasst.

← Das Haus stammt aus dem 15. Jahrhundert, sein authentisches Mauerwerk und das üppige Grün des Gartens sind die schönste Dekoration. Das blumige Bunt der Sitzflächen und Lehnen der Teak-Möbel sowie das rosa Tischtuch garantieren fröhliche Ausgelassenheit, wie schon sehr viele Feste bewiesen haben.

Verwittert, aber nicht verwitwet. Die Hausleute lieben es, auf dem Bänkchen zu sitzen und der Sanftheit der Natur zu lauschen. Das Klapptischchen leistete schon den Eltern gute Dienste, die Laterne ist ein Trödlerstück. ↙

Auch hier spielt das Mauerwerk die tragende Rolle. Um dem groben Putz aus den 20er-Jahren die optische Härte zu nehmen, wurde die Wand mit alten Töpfen geschmückt. Der Grillplatz ist überdacht, selbst bei Regen lässt sich hier gemütlich schmausen. Besonderen Wert – materiellen wie auch ideellen – hat das Zinngeschirr. Eine Rarität! ↓

Das Kräutergärtchen wird streng bewacht! Die lächelnde Büste stammt von der dort lebenden Künstlerin, ist aus Bronze und trotz ihrer Schönheit namenlos geblieben. ↓

Gartenidyll am Semmering. Das frische Türkis der alten Hoftür steht mit dem Grün des Gartens in keinem Wettstreit. Dafür sorgt die barocke Frauenstatue, die wohl einiges zu erzählen hätte, würden wir ihren leisen Tönen lauschen. ↓

↑ Allerlei Getier. Friedlich weidende Kühe aus Bronze auf einem Treppenabsatz. ↗ Ein brüllender Löwe auf dem Balkon, vor dem sich niemand fürchten muss. Oder fürchtet er sich?

Mittelalter trifft Moderne. Das brunnenartige Gefäß in der Mitte des „Gestänges“ stammt aus dem 15. Jahrhundert. Es steht nach wie vor im Mittelpunkt, auch wenn die bunte Skulptur des französischen Künstlers Sébastian de Ganay ihm ein wenig die Grandezza nimmt. →

Hier wurden schon viele bunte Feste gefeiert. Die Hausdame überließ nichts dem Zufall. Die Ausgelassenheit des Gartenensembles soll Lust auf Freude und Feiern machen. Sitzgelegenheiten gibt es ja genügend. Im Hintergrund der sanft renovierte Gartentrakt des mittelalterlichen Gebäudes. Das dunkelgrün gestrichene Tor führt in das behagliche Gästezimmer. ↓

Schotterteich? Ja, tatsächlich, nach einigen Jahren erinnert nichts mehr an seine unrühmliche Herkunft. Das daran gelegene Grundstück – ein absoluter Glücksgriff! In der Natur, am See und doch nur wenige Kilometer von Wien entfernt. Der Betonsteg ist eine Gemeinschaftsproduktion des Architekten Gregor Eichinger und des Künstlers Manfred Wakolbinger. ↓

SEEBLICK

So vielfältig die Seen, so vielfältig die Stile. Das schlägt sich nieder in den gewählten Farben, blinzelt in der Wahl der Möblierungen hervor und grüßt in der Platzierung der Objekte. Egal ob Biedermeier geerbt, Kunst gekauft, Design teuer erstanden oder Souvenirs gut erhandelt wurden.

WELCHES LAND KANN ÖSTERREICH zum „Thema See“ das Wasser reichen? Es hat mehr als genug davon – und sie trösten über das Binnenlanddasein hinweg. Die herrlichen Seen sind ein Quell der Lebensfreude. Sommer in Österreich heißt dank ihnen Ferien und Feiern, Lust, Leidenschaft und gute Laune! So sehen die Seehäuser und Urlaubsdomizile dieses Landes auch aus – einerlei ob an einem der vielen Kärntner Seen oder im Salzkammergut beheimatet.

Höchst unterschiedlich mögen die Geschmäcker der „See-Leute“ sein. Ihre Lust am Interieur wieder und wieder zu aktivieren, zeigt sich auf kreative, bunte, ausgelassene, ja sinnliche Art. Eine Prise Seeluft samt österreichischem Schmäh gefällig? „Ständig kommt Besuch vorbei, immervolles Haus“, klagt der eine Seegrundbesitzer dem anderen. Trockener Kommentar: „Ohne Seegrund – da kannst du Gift drauf nehmen – wäre das wohl anders!“

Ja, wer ein Uferstück sein Eigen nennt, hat im Sommer besonders viele Freunde ...

Kein Wunder, geistert doch ein altmodischer Begriff herum, der untrennbar mit „See“ verbunden ist: „Sommerfrische“! Ein herrliches Wort, eine herrliche Assoziation, reizvolle Erinnerungen: kristallklares Wasser, blauer Himmel, Gewitterstimmung und Regenbogen, saftig grüne Wiesen, Frottee und Sonnenöl, Boote und Ausflugsdampfer, Eiskaffee und Birne Helene. Villen und Bootshäuser, Kabinen und winzige Stockbettzimmer, Picknickkörbe und rot-weiß karierte Tischtücher. Der Geruch von verwittertem Holz – das ist auch der Geruch verklärt-idyllischer Vergangenheit.

Heutzutage schmeckt Sommer anders. Er wird nicht einfach nur „verbracht“, sondern zelebriert. Am schönsten im eigenen Seehaus. Die nächsten Seiten zeigen die Wohnallüren jener glücklichen Spezies, die ein Seegrundstück, eines der letzten, wahren Luxusgüter besitzt.

Österreichs Seen sind Energiereservoirs – therapeutische Wirkung inklusive. Weich und samtig ist ihr Wasser, ein erfrischendes Schönheitselexier. Sie haben alle Trinkwasserqualität! In ihnen zu schwimmen ist absoluter Luxus. Ihre Natur kann rau, lieblich oder Respekt einflößend sein. Sie sind überschaubar klein wie der Hallstätter- oder der Faaker See, überraschend groß wie der Attersee oder beängstigend tief wie der Millstätter See. Ihre Farbpalette reicht vom Türkis des Indischen Ozeans bis zum düsteren Grau des wütenden Atlantiks bei schlechtem Wetter. Sie werden gesäumt von imposanten Bergketten, wilden Gipfeln oder sanften Hügeln, sind umgeben von Wiesen, Wäldern und wundervollen Anwesen, prächtigen Villen, gemütlichen Häusern und hölzernen Bootshütten, die sich bei näherer Betrachtung meist als Understatement-Refugien entpuppen – very cosy!

Was dem Nass die energiespendende Kraft, ist den Häusern und Villen das kreative Spektrum. Von hypermodern über grundsolide bis jahrhundertealt, zeigen alle den Mut ihrer Bewohner zu unkonventionellen Lösungen. Ein Wohnsitz am See verlangt eben nach anderen gestalterischen Attributen als die vier Wände, die tagein, tagaus Leben bedeuten. Diese Attitüde schlägt sich nieder in den gewählten Farben, blinzelt in der Wahl der Möblierungen hervor und grüßt in der Platzierung der Objekte. Egal ob nun Biedermeier geerbt, Historismus geschenkt, Kunst gekauft, Design teuer erstanden oder Souvenirs gut erhandelt wurden.

„Seeluft“ hat ein Prinzip: Mondän und schick ist gut, originell und authentisch besser! Ob Modernität oder Althergebrachtem verschrieben, die Interieurs verneigen sich demütig vor traditionellem Erbe und örtlicher Mentalität. Sie erzählen von der sommerlich heiteren Seite ihrer Bewohner, ihrem Mut zu stilübergreifenden Mixturen und ihrer Liebe zum nassen Element. Das beweist ein neu gebauter Seesitz, dem klassische Elemente die Härte nehmen, davon legt die geerbte und sanft modernisierte Villa Zeugnis ab. Die Lust an der wohnlichen Versuchung zeigt sich an der Renovierung eines ehemals heruntergekommenen Jahrhundertwende-„Schlösschens“ und mündet in der Bewahrung eines 400 Jahre alten „Gemäuers“, dem vorsichtig und stückweise die Moderne in Form von zeitgenössischer Kunst vorgestellt wurde.

Die Spannung zwischen Stilen und Epochen ist greifbar und bleibt unübersehbar. Ebenso die Tatsache, dass es unsere Seen in ihrer Schönheit mit jeder Konkurrenz aufnehmen, jedoch das Klima leider nicht. Der Lebensstil am See ist zwar mediterran beeinflusst, Regen oder kühlere Temperaturen im Hochsommer lässig zu ignorieren wie in Mittelmeerbreiten, ist aber nicht drin. Aber egal: Sonne und Wärme haben wir im Herzen!

ENTRÉE

← Diese Hofidylle mit Waffenrad aus dem Familienfundus, Löschkübeln aus Leder und dem Hausmeister an der Wand passiert der Besucher, bevor ihm Seeidylle mit Bergen entgegenlacht. Der alte Hof am See ist eine wahre Schatzkiste, nur das Allernotwendigste wurde mit großer Sensibilität restauriert.

↑ „Let it flow!", ist das Lebensmotto der Besitzer dieses Anwesens, das schon seit mehr als hundert Jahren der Familie gehört – direkt am See, umgeben von glasklarem Wasser und beeindruckenden Bergmassiven. Das Gartentor ist stummer Zeuge vieler glücklicher Sommertage.

↑ Bootsmeisterschaft an Land! Zwei originelle Kleiderständer aus jeweils drei alten Holzrudern, die von Rettungsringen zusammengehalten werden, dienen leichter Sommergarderobe als Zwischenstation. Hier läuft nichts aus dem Ruder.

↗ Eine Flut von Eindrücken. Aus dem toskanischen Spiegel grüßt eine frühe Übermalung von Arnulf Rainer. Der „Heilige Georg" aus Gips des Tiroler Bildhauers Hubert J. Flörl teilt sein Gewand auf einem mit Blattgold versehenem Holzpodest in zwei Teile. Im Eck Spazierstöcke von verschiedenen Flohmärkten – in Ruhephase.

Nach wie vor fahrtauglich? – Aber wie! Mit dem dunkelroten Boliden aus den 60ern – einem AMC Pacer – lässt sich noch ordentlich Gas geben. Genau das hat der Architekt dieses Hauses, Gregor Eichinger, seinem Metier entsprechend getan und gestalterisch auf die Tube gedrückt. Entrée und Garage gehen fließend ineinander über und werden nur durch ein von Eva Schlegel gestaltetes Glasbild getrennt. →

↑ Erfrischende Farben, rare Materialien, beeindruckende Ideen! Beispielsweise der Holzhocker, oder ist es ein Beistelltisch? Auf jeden Fall ist es massives Holz auf vier Rollen, das vielerlei Zwecke erfüllt. Oder die schwebende Treppe, die aus 15 mm Schiffsstahl in einem Stück gebogen und danach blau lackiert wurde. Oder der wandfüllende, den Raum vergrößernde Riesenspiegel, in dem das Fischbild von Mario Schifano umso spektakulärer wirkt. Der weiße Stuhl ist von Poltrona Frau.

↑ Eine Seevilla, 1890 erbaut, die vor kurzem noch an Alterserscheinungen litt. Nun dient sie als formidables Gästehaus und „Kunstdepot". Die alten Türen und Türstöcke aus gebeiztem Tannenholz wurden restauriert, der Boden aus gelbem Marmor und die hell gestrichenen Wände sorgen für Sonne – auch wenn sie nicht scheint. Die grüne blattartige Skulptur von Herbert Flois empfängt den Gast fröhlich staunend!

← Drei Säulenheilige bitten zum Empfang, doch nicht nur deswegen hat jeder Besucher seine helle Freude. Das extrem modern gestaltete Entrée bietet viel Licht, viel Natur, viel Glanz. Und gute Präsentiertechnik: Die drei afrikanischen Ritualgefäße wurden auf Eisenstangen „aufgespießt". Hier dienen sie nun der Zierde sowie als Wache.

↖ Das Marmorstiegenhaus mit einem Geländer aus Stahldrahtseil wirkt kühl, das Holz auf den Podesten und die Wandlampen in Blütenform nehmen ihm die Strenge. Karl Georg Goess war der verantwortliche Architekt für die Erneuerung dieser alten Villa. Das Werk von Jakob Gasteiger und der Seeblick von oben entlocken jedem Besucher ein „Wow".

↑ Das massive Holzstiegenhaus stammt aus den 20er-Jahren, die riesige, weiß gerahmte Zeichnung auf Papier von Hubert Scheibl, einem Freund des Hauses. Sie nimmt dem Holz die Schwere. Die Wandapplike duldet nur echte Kerzen.

← Vor diesem Stück ziehen wir den Hut. Der rund 200 Jahre alte Kachelofen wurde erst nachträglich, in den 20er-Jahren, von den Großeltern des Hausherrn eingebaut. Hüte und Ferngläser – das sind für Seebewohner unverzichtbare Accessoires. Auch sie sind Familienerbstücke, die mit größtem Stolz und ein wenig Melancholie getragen werden.

↙ An der Gestaltung des Säulenganges war Josef Hoffmann, ein Freund der Großeltern des Hausherrn, beteiligt. Auf dem alten Jogltisch mit der Steinplatte stehen filigrane, mundgeblasene und handbemalte Gläser der Firma „Stillsegler".

↓ Verstellbar – auch in der Höhe – ist der Servierwagen von Gerd Weber aus Stahlrohr und Holz. Er harmoniert mit Peter Koglers Vorhang, der viel mehr Kunstwerk denn Sichtschutz ist. Der riesige Holzbottich verbirgt die Wurzeln einer ganz besonderen Zimmerpflanze – der Olivenbaum ist die Pointe des Ensembles.

Einfach blaumachen! Am See ist das wahrlich nicht schwer. So sehen nun auch des Biedermeier-Lehnstuhls neue Kleider aus. Er präsentiert uns selbstbewusst, wie zeitlos Biedermeier sein kann. Und wie gut es in jedwede Umgebung passt. ↓

Der kunstvoll gestaltete Spiegel von Günther Brodàr hat sich seinen Platz über einer goldig überladenen Empirekonsole gesucht. Die gespiegelten Werke an der anderen Wand sind typische Erwin Wurms. Und aus demselben Spiegel blitzt einem auch der türkisfarbene See ins Auge. ↓

SALON

Die Kreativ-Bourgeoisie hat sich hier ihren Traum von einem Seeleben zwischen Vintage und Zeitgeist erfüllt. Die Sitzgruppe stammt aus den 20er-Jahren, der Kerzenleuchter von Dagobert Peche, das Bild an der Wand von dem Freund des Hauses Hubert Scheibl und die Keramiken am Fenstersims von Erwin Lang. →

← Feuerstelle mit Seeblick – dank der Findigkeit von Wolf D. Prix, der dieses Haus bis ins kleinste Detail entwarf, konnte der Wunsch des Hausherrn realisiert werden. Wer hier Platz nimmt, befindet sich jedenfalls in allerbester Gesellschaft: die Aluminium-Skulptur ist von Erwin Wurm, der Tisch wurde von Peter Kogler gestaltet und die Sitzmöbel von Prix eigens entworfen. Das alles spielt sich im Schatten eines Olivenbaumes ab, der sich auch nördlich seines gewohnten Klimas in dem Salon sehr wohl zu fühlen scheint.

← Lust auf Backgammon? Bitte sehr – der Tisch wurde eigens zu diesem Zwecke entworfen und gebaut. Das Polster des josephinischen Sessels hat das gleiche Leinen als Überzug bekommen, aus dem auch die dezenten Vorhänge sind. Das Bild von Franz West ist ein ganz besonderes Stück. Wie in der gesamten Seevilla hat auch hier eine elegante Art des Purismus Platz gegriffen.

↙ Das schwarz lackierte Schreibtischchen ist ein Familienerbstück, wie fast alles in diesem Haus direkt am See. Flankiert wird es von Polstermöbeln neueren Datums. Fenster, Beschläge und Balken blieben ebenfalls wie sie sind: verwittert, etwas mitgenommen, aber original und nostalgisch. Hier riecht es nach Sommerfrische.

Ein Sammelsurium, dem Zufall verdankt? – Ja, die Hausfrau gibt es zu. Von Stilreinheit ist hier keine Spur. Der Kamin wurde einem toskanischen Original aus Sandstein nachgebaut, Kandelaber und Uhr sind wie auch die Kaminumrahmung italienisch-barock überladen. Auf der Kommode eine Sammlung von silbernen Döschen, Bilderrahmen und noch manch anderes fand dort Platz. Darüber hängt ein Ölbild von Nikolaus Moser. →

Wohin geht die Fahrt? Das Schiffssteuer stammt aus einem Londoner Antiquariat. Um es herum wurde aus Glas ein Couchtisch gebaut. Nun scheint das Rad im Raum zu schweben. Vielleicht war ja hier „Wickie" von den starken Männern mit seinen Superideen am Werk. → Die vorsichtig restaurierte Kommode aus einem italienischen Altmöbeldepot hält ihrem Land die Treue. Farbige Glasvasen aus Murano sorgen für Heiterkeit, wie auch das Werk des österreichischen Künstlers Hans Staudacher, mit einem untypischen, weil figuralen Motiv – ist es eine Nase? ↘

← Die Kuhfellsessel mit dem Namen „Kanadier" wurden um 1930 entworfen und haben ein spezielles Patent, um die Rückenlehne zu verstellen. Sie stammen aus dem Umfeld von Oskar Strnad und Josef Frank, aus dessen „Haus und Garten" auch der kleine Couchtisch kommt.

← Eine Urlaubsbekanntschaft – Kärntner Bauer trifft amerikanischen Designklassiker. Der rustikale Sessel macht sich innen genau so gut wie der Eames-Kunststoffstuhl aus 1948 auf dem Seebalkon. Mehr hätte hier nicht Platz, der See hält das Zepter fest in der Hand. ↙ Eine Idee mit Schmäh! Wer sagt denn, dass ein Weinkeller immer aus Ziegeln gemauert sein muss? Auch so kann er aussehen und funktionieren: übereinander stapelbare Kisten, die, mit einem lederbezogenen Deckel versehen, einen perfekten Beistelltisch abgeben! Daneben bequeme Lederfauteuils. Hier wird ein alter Rotwein umso mehr genossen. Prost!

ESSEN

← Der alte Küchenofen hat schon lange kein Feuer mehr in seinem Bauch prasseln gespürt. Als es noch eine Köchin gab, wurde er täglich angeworfen. Nun dient er als Anrichte, Arbeits- oder Dekorationsfläche. Seine Besitzer wissen seinen Wert zu schätzen und freuen sich jeden Tag über die Besonderheit ihres Stückes Geschichte. Bilder von Günther Damisch.

↑ Was ist das klassische Konzept des „Good Life"? Interpretationssache, nicht wahr? Für einen kleinen Haushalt ist diese offene Küche mit traumhaftem Seeblick jedenfalls eine gelungene Umsetzung: Sie kommt von „Zeyko" und stellt sich uns ganz unprätentiös vor. Den dahinterstehenden Esstisch umgeben Thonet-Sessel aus den 30er-Jahren.

↑ Hier wird gekocht, hier wird gegrillt, hier wird gegessen, hier wird getrunken. Diese Küche lebt. Daher sieht sie immer ein bisschen unaufgeräumt auf. Block und Kästen sind von Bulthaup, der Kamin mit dem erbleichten 14-Ender wurde ebenfalls neu gebaut und „zieht wie die Hölle", glaubt man dem Hausherrn. Die zwei gusseisernen Kaminplatten kommen aus dem Dorotheum, der Krimskrams von verschiedenen Flohmärkten. Zu jedem Essen gibt es ein heimeliges Kaminfeuer.

↑ Achtung, genau hingesehen! In dieser offenen Luxus-Kochstätte findet sich so ziemlich alles, was das Herz begeisterter Köche begehrt. Geschärfte Blicke werden sogar ein Motorboot erkennen können. So ein Küchenutensil hat wirklich nicht jeder! Die die Seitenfront zierende Spiegelwand holt den See ins Haus, und wie!

↑ Ein Klassiker aus dem Salzkammergut: Gmundner Keramik. In der erst vor einigen Jahren neugebauten Küche wurde nichts dem Zufall überlassen. Das offene Holzregal für das Geschirr ist nicht nur praktisch, vor allem ist es schön und originell. Solide Täfelung bietet Bildern und Skizzen des Verpackungskünstlers Christo konservative Rahmung. Wie gerne die Hausleute mit Alt und Neu kokettieren, beweist die durchgezogene Nirostaküche. →

← So macht Kochen Spaß! Vier verschiedene Herdplatten und Kochmöglichkeiten laden zur Zubereitung ausgefallener Gerichte ein, der Kräutergarten in Reichweite vor dem Fenster garantiert die richtige Würze und der Seeblick sorgt dafür, dass sich die gute Laune der Köchin unweigerlich auf ihre Gäste überträgt. In dieser Küche von Mühlböck ist alles aus Keramik. Dementsprechend kostspielig war sie auch …

Am Morgen wird an dieser Bar gefrühstückt, am Abend gefeiert. Ihre Front wurde rautenförmig mit weißem Leder bezogen, die Barhocker nach einem Entwurf von Wolf D. Prix für dieses Haus angefertigt. Dieser Platz ist ein idealer Kommunikations- und Konversationsplatz. Genau das war der Plan. →

← Die scheinbare Leichtigkeit des Seedaseins! Glas – gekalktes Holz – Beton: Das sind die Hauptelemente dieses Seehauses. Der Tisch ist aus Beton und wiegt 600 Kilo, die Stühle sind aus Plexiglas und haben ebenfalls ein stolzes Gewicht, das man ihnen beileibe nicht ansieht. Der künstlerisch gestaltete Vorhang leitet unprätentiös hinaus. Überfällt uns da nicht sogleich die Lust auf ein Bad im See?

← Schwarzer Lack, schwarzes Leder, grüne Wiese, blauer See. Trotz der großen Menge Glas und dem Steinboden wirkt dieses Ambiente alles andere als kühl. Die Hausbesitzer wollten der Natur die Hauptrolle in diesem Stück überlassen und haben die Einrichtung daher mit Absicht puristisch gestaltet. Ein befreundeter Architekt aus München, Danilo Silvestrin, durfte dabei behilflich sein.

↙ Eine wilde Mischung! Der mit Kuhfell überzogene Minotti-Stuhlklassiker und der grüne Teppich symbolisieren die agrarischen Ambitionen des Hausherrn, die drei pastosen Ölbilder von Nikolaus Moser seine Kunstsinnigkeit. Die blaugrüne Kombination von Geschirr, Gläsern und Sets stehen für die Farbe des Sees, der vor dem Fenster glänzt.

Graues Wittmann-Leder auf einfachen, drehbaren Restaurantstühlen, eine lange Sitzbank und ein alter Refektoriumstisch – hier spielt sich das häusliche Leben der Familie ab, deren Berührungsängste in jeder Hinsicht gering sind. Vor allem aber, was Stilgebote betrifft. Im Sommer heißt es: Türen auf, Sonne und See herein. →

← Bei diesen „Seeleuten“ gingen wir gerne vor Anker. Die alte Villa strotzt vor überraschenden Elementen, allein dieser Blick macht Appetit auf mehr. Über dem josephinischen Tisch hängt ein Polenluster und es gibt, neben einem silbernen russischen Samowar, einem historischen Pflanzenmodell und einem religiösen Ritualgefäß, auch einen Herrgottswinkel. Der sensible Umgang mit ihrem Erbe ehrt die Besitzer dieses Schatzes, die auch ihre Liebe zur Moderne pflegen. Bevor man diesen Speisesalon betritt, grüßt ein Werk von Hubert Scheibl.

Stube mit Seeblick. Das nennt man sanfte Restaurierung. Alles wurde in der Seevilla so belassen, wie von Frau Mama einst gewünscht, nur die Polsterbezüge und die Vorhangstoffe wurden einer Erneuerung unterzogen. Und doch muss sich das Ambiente mit einer Nebenrolle begnügen. Ein Blick aus dem Fenster auf den prachtvollen See und das Bergpanorama – und alle Einrichtungsambitionen treten in den Hintergrund. ↓

Erker und Thonet-Stühle – das scheint eine ernstzunehmende Liaison zu sein. Uns begegnete diese Kombination schon des Öfteren. In diesem Fall sind die Sessel späteren Datums aus industrieller Produktion. →
Fischers Fritze fischt frische Fische. Und gleich danach kommen sie auf diese Teller mit den schönen Fischmotiven. Sets und Servietten wurden eigens bei „Tissuti" in Wien angefertigt. Selbstverständlich mit Fisch-Stickerei. ↘

← Erhellend ist dieses Stilgemisch. Zeitgenössisches Lampendesign aus Italien, Biedermeier-Lederstuhl und schmiedeeiserner Esstisch in heftigem Techtelmechtel mit der sehenswerten Kerzenständer-Sammlung.
↙ Plagiate sehen anders aus. Barockkommode und Wandetagere tragen Sammlungen alter Zinn- und Silber- und Keramikstücke, die Familie und Tradition den Erben einst anvertrauten.

Alles blieb wie vor 80 Jahren ersonnen. Einzig die Vorhänge und die Polsterauflagen für die Essstühle wurden erneuert. Und die Wandfarbe: Britischen Speisezimmern nachempfunden, wurde dafür dunkles Rot gewählt. Es passt perfekt und gibt dem etwas altmodisch wirkenden Ensemble den nötigen Schuss Pfiffigkeit. →

RÜCKZUG

← Die Balkonbrüstung aus Glas stellte erst eine Herausforderung an die Architekten dar, dann gelang die Übung aber doch. Allerdings kam das Motto des Bauherrn, „Geht nicht, gibt's nicht! Und damit Basta!", mit äußerstem Nachdruck zur Geltung. Der weiße Leinenvorhang hält sich im Hintergrund, dem Missoni-Design des Polsters will er nicht die Show stehlen und gegen den See hätte er ohnehin keine Chance.

↑ Geschichte zum Greifen nahe! Bemerkenswert ist hier nicht nur das Gemälde: Es zeigt den Freundeskreis von Erwin Lang, unter anderem den 12-Ton-Musiker Mathias Hauer, und Richard Billinger, den Schriftsteller. Vor allem aber auch die Großeltern des jetzigen Hausbesitzers. Die Stehlampe ist von Josef Hoffmann, mit Schirm in Originalform. Darüber prangt eine siebenarmige barocke Wandapplike. Wenn uns da kein Licht aufgeht!

Was die Welt zusammenhält, ist hier ganz klar ersichtlich. Eine lebenslange Liebe zu dem alten Gemäuer und jedem einzelnen seiner Möbelstücke. Die unbekümmerte Farbmixtur der Stoffe lässt wissen: „Im Jetzt sind wir dennoch angekommen." →
Eine Welt in Pastell? Nicht ganz, doch dem Bauernschrank stehen diese Farben einzigartig gut. So sieht er nun jung und jugendlich aus, obwohl er aus 1860 stammt. → →
Dies war einst Großmamas Schlafgemach, täglich blinzelte ihr der direkt vor dem Fenster liegende See zu. Das macht er freilich heute noch. Auch sonst blieb alles in diesem Zimmer und dem gesamten Haus wie es damals war. Nur der Bettüberwurf wurde bei Ikea neu erworben. Erfreulich zu sehen, dass Althergebrachtes mit „Billigware" nicht unbedingt in einem Disput enden muss. ↘

← Zimmer zum See. Dem Biedermeier-Fauteuil ließ die Erbin dieses Hauses den Bezug, den schon ihre Großmutter ausgesucht hatte. Dazu kombiniert sie farbenfrohe Stoffe aus einer englischen Kollektion. Boden, Papierkorb, Tischchen, Bilderrahmen, Silberschüssel, ja sogar die Fenster mit ihren Beschlägen aus den 50er-Jahren strahlen herrliche See-Nostalgie aus.

← Eine alte Seevilla, die von Grund auf erneuert wurde, ohne dabei jedoch ihren Charme zu verlieren. Holztäfelung und Balkontüren sind zwar neu, springen aber nicht negativ ins Auge. Und auch hier: Der See vor dem Fenster ist der eigentliche Star.
↙ Ferienidylle unter dem Dach. In diesem Schlafzimmer in einem Seehaus aus dem 16. Jahrhundert, mit seinem Erker, dem Kamin und seinen Gaupen, lässt es sich herrlich träumen. Die Hausfrau bewies Mut: Den alten Holzboden ließ sie hellblau streichen.

Ist nicht angeblich Unschuld das beste Ruhekissen? In diesem Schlafgemach am See verspricht das gesamt Ambiente ruhigen Schlaf. Das alte Bauernbett und die Nachtkästchen mit ihren holzgedrechselten Beinen sind so einladend – doch leider nur den Besitzern vorbehalten. Das Bild an der Wand ist von dem Wiener Künstler Hubert Scheibl. →

OASE

Das kleine Eck mit dem Waschtisch wurde auf allen drei Seiten verspiegelt und, siehe da, schon ist es riesengroß. Dieser uralte Trick wirkt immer! Besonders praktisch ist der im Holz versenkte Papierkorb. Wer es nicht erahnt, der sucht lange danach. →

← Da fällt die Entscheidung schwer: Nehme ich ein Bad im See oder bade ich mit Seeblick? Die eindeutig behaglichere, wenn auch nicht sonderlich sportliche Variante ist mit Sicherheit die zweite. Die freistehende Badewanne bietet noch einen anderen Luxus, der auf diesem Foto verborgen bleibt – gleich daneben befindet sich ein offener Kamin!

← Ein Klassiker ist die freistehende Porzellanbadewanne mit Holzfüßen von Villeroy & Boch. Das Angenehme an dieser Wanne ist: Wer darin ein Bad nimmt, sieht alles, ohne selbst gesehen zu werden. Lange wurde daran getüftelt, die richtige Position zu finden. Nun, da sie gefunden wurde, lässt sich dort herrlich mit der Seele baumeln oder das Treiben am Strand belächeln.

↑ Das Teuerste war hier gerade gut genug. Die Keramikwaschbecken von Antonio Lupi sind momentan das Beste am Markt. Das Besondere an ihnen ist, dass sie keinen hässlichen Abfluss haben, das Wasser verschwindet einfach still und elegant durch den parallel laufenden Schlitz unter der Dornbracht-Armatur.

← Farbenrausch in Türkis! In dem Gästebad des Seeschlösschens blieb beim Umbau kein Stein auf dem anderen – nur der türkisfärbige Kachelofen durfte bleiben wie er war. Sein Farbton wurde an der Fensterwand mit der venezianischen Spachteltechnik „Stucco Lustro" weitergeführt.

Spiegelkabinett: Das Bad ist dem Art déco-Stil nachempfunden. Wunderschön für den, der es so mag, aber alles andere als praktisch. Man kann eben nicht alles haben … ↗ Hühott, Pferdchen, hühott! Ob es sich hier, so nah am Wasser, wohlfühlt? Wo ist seine Koppel, wo seine Lounge? Es wurde der Dame des Hauses von einem Freund verehrt. → Drei alte gläserne Parfumflakons dienen derzeit nur der Zierde. Die Bronzefigur zeigt zwei Liebende – sie scheinen gerade bei der schönsten Sache der Welt zu sein … → →

← Sollte den Meteorologen wieder mal ein kleiner Irrtum unterlaufen sein, dann tröstet dieses Spa am See darüber hinweg. Es ist für Schlechtwettertage geradezu ideal. Zuerst in die Sauna, dann in den See gesprungen und zum Aufwärmen ins Whirlpool. Danach auf die Liege unter die künstliche Sonne. So lassen sich verregnete Tage ertragen. Die blauen Auflagen und der Vorhang erhellen den Eichenboden, der an einer Seite die Wand hochgezogen wurde.

↑ Sauna mit Blick auf die verwunschenen und naturgeschützten Buchten eines Kärntner Sees. Bei solcher Aussicht übersieht man gerne die Zeit und kommt ins Schwitzen. Die Fenster sind natürlich nicht ohne Grund rund: Das Bootshaus wurde einem Schiff nachempfunden.

GARTEN

Dieses Bild gehorcht einem unsichtbaren, aber ehernen Topos: der Zeitlosigkeit. So könnte es auch schon vor hundert Jahren ausgesehen haben. Die alte Sprossenbank, die Korbmöbel und der Eisentisch mit der Steingutplatte verströmen Zeitlosigkeit. Der Blick auf den herrlichen See lässt dann wirklich die Zeit stillstehen. →

← Karibikfeeling am See! Weiß ist hier so gut wie alles: der Boden, die Wände, die Möbel, die Markise. Kakteen und Agaven sind das Aperçu zu heimischen Pflanzen und verstärken den Eindruck, dass diese Terrasse eher an einem warmen Meer denn an einem kühlen See liegt. Die fix verankerten Tischchen lassen sich dank eines Scharniers in der Mitte aufklappen und vergrößern.

Der Hausherr wollte hier ein stilistisches Exempel statuieren: „Man verwendet nur ortseigenen Stein!" In diesem Falle auf der Seeterrasse ausschließlich dunkelgrauen Mölltaler Granit. Das Lamento der Hausfrau verhallte ungehört … Doch der grandiose Seeblick und das traumhafte Grün des riesigen Gartens machen die Härte des Steins wieder wett. ↓

Selig, wer diese Seeluft täglich inhalieren kann. Doch die Schönheit der Berge, Almen und des Wassers kann einen gefährlich toxischen Gefühlscocktail mit hohem Suchtpotential bewirken. Von hier will man nicht mehr weg! Da hilft der Ribiselsaft auch nicht viel. Die Kissen auf den Korbstühlen sind übrigens handgestrickt, allerdings nicht von der Frau des Hauses. ↘

Nicht die Muse, die Natur küsste diesen Platz sehr ausgiebig. Bei so viel Seegefühl bleibt die Frage der Möblierung sekundär. Erwähnen wollen wir sie trotzdem: Der Tisch kommt von Mühlböck und die Stühle sind Regiestühle, die man sich aus einem Wiener Restaurant „abgeschaut" hat. →

← Die schlichten Korbmöbel aus den 50er-Jahren lassen der Natur und ihrem Schauspiel freien Lauf. Sie drängen sich nicht in den Vordergrund. Dem Hausherrn dienen sie morgens zur Lektüre seiner Zeitungen, abends zur redseligen Zusammenkunft.

↙ Platz für viele Gäste – hier saßen schon an die 40 Leute am Tisch, auf Pölstern und Lehnen. Die riesige Garnitur von Dedon lässt sich beliebig variieren, verkleinern oder teilen. Sitzen, Liegen oder Lümmeln – alles ist erlaubt. Seeflair in jeder Form zu genießen ist ausdrücklich erwünscht.

Die Küche im Freien hat eindeutig ihren Reiz. Am Teppanyaki-Grill kann sich der Hausherr filmreif in Szene setzen, wenn er für seine Familie und Gäste Steaks, Hirschrücken oder Fische aus dem See brät. ↗

Ein lauschiges Plätzchen. Eine andere Variante der Gestaltung einer Gartenküche. Die Küche ist im Lauf der letzten Jahre eins mit der Natur geworden. Ein riesiger Grillplatz darf natürlich auch hier nicht fehlen. →

Zwei Liebende unter der Weide, die kein Diätgeheimnis kennen. Diese opulente Skulptur stammt aus der Werkstatt des venezianischen Bildhauers Matteo Lo Greco. →
„Die Träne der Erinnerung" – so nennt der Vorarlberger Künstler Tone Fink seine Aluminiumskulptur, die schleunigst vom sie umgarnenden Rhododendron befreit werden sollte. ↘

↖ Höhenangst! – Aber woher denn? Dies ist der erklärte Lieblingsplatz der gesamten Familie, selbst bei Schlechtwetter. Da zeigt man der Sonne, dass Wärme im Herzen wichtiger ist als immerwährender Sonnenschein.
← Einzelplatz, erste Reihe fußfrei! Hier lässt man sich gerne den Wind aus den Segeln nehmen. Der Riesenkorbstuhl kommt von Dedon und bietet neben Schatten auch noch Platz für einen zweiten Seelenbaumler.

← Das Kunstwerk des Kärntner Ausnahmekünstlers Bruno Gironcoli nennt sich die „Ähre". Im Vergleich zu seinen anderen Kunstwerken, nehmen sich die Ausmaße dieser langbeinigen Skulptur fast bescheiden aus.
↙ Die „Liegende" und der See. Eine rührende Geschichte. Nach Jahrzehnten der Wanderschaft hat dieses Werk in den Heimatort seines mittlerweile verstorbenen Erschaffers Otto Eder, ein Schüler Fritz Wotrubas, zurückgefunden.

↑ Da schau her! Was hat denn das einsame Bein hier zu suchen? Auch in diesem Fall ließ der österreichische Künstlerstar Erwin Wurm seinem Sarkasmus freien Lauf. Bei näherem Hinsehen entpuppt sich der Unterschenkel nämlich als Springbrunnen. Aus der großen Zehe sprüht das Wasser. Hoffentlich bekommt sie keinen Krampf …

DANKE!

Vielen herzlichen Dank all jenen Personen und Familien, die uns ohne mit der Wimper zu zucken ihr Vertrauen schenkten. Sie öffneten uns unprätentiös und mit Freude Türen und Tore, um uns Einblick in ihre „heiligen Hallen" – ihr allerhöchstes Privates, ihre Refugien und Erholungsplätze – zu gewähren. Diese 50 Personen begegneten dem Konzept dieses Bandes von Anfang an nicht nur mit Verständnis und Verstand, sondern auch mit großzügigem Idealismus. Sie halfen maßgeblich dabei mit, eine einst wage Idee Realität werden zu lassen. Hochachtung gebührt auch ihrer Geduld, als es um die Beschaffung relevanter Informationen über Möbel, Kunstwerke, Architekten, Quellen und sonstiges ging. Mein überaus großes Maß an Wissbegier und meine unzähligen Fragen quittierten sie mit unendlicher Geduld.

Im Übrigen danke ich sehr herzlich Christian Witt-Dörring (Möbelhistoriker), Gerti Draxler (Design-Spezialistin des Dorotheums) und Antonis Stachel. Sie haben mit Rat und Tat geholfen und mir kompetent Auskunft gegeben.

Und natürlich auch ein Dankeschön meinem Mann Hanno Soravia, der mir zwölf Bögen dieses Bandes zum Geburtstag schenkte, womit das Buch sein jetziges Volumen erreichen konnte, sowie meiner Freundin Desirée Treichl-Stürgkh, die den Verlag auf mich aufmerksam machte.

IMPRESSUM

Bibliografische Information der Deutschen Nationalbibliothek
Die Deutsche Nationalbibliothek verzeichnet diese Publikation in der Deutschen Nationalbibliografie; detaillierte bibliografische Daten sind im Internet über http://dnb.d-nb.de abrufbar.

1. Auflage

Grafische Gestaltung: Peter Manfredini
Lektorat: Milena Greif
Zusätzliche Fotos: Dorotheum (S. 11 r.u., 13 l.o., r.u., 15 r.o., 17 l.o.),
Davies and Starr (S. 15 l.u.), Peter Buchberger (S. 164)
Autorenportraits Umschlag: Doris Kucera (Irmi Soravia), Lydia Fuis (Harald Eisenberger)
Reprografie: Harald Eisenberger
Druck & Bindung: Grasl Druck & Neue Medien, Bad Vöslau

ISBN 978-3-85033-298-9

Christian Brandstätter Verlag
GmbH & Co KG
A-1080 Wien, Wickenburggasse 26
Telefon (+43-1) 512 15 43-0
Telefax (+43-1) 512 15 43-231
E-Mail: info@cbv.at
www.cbv.at